跟陈丹青聊天

窦文涛 主持 锵锵三人行

湖南文艺出版社 HUNAN LITERATURE AND ART PUBLISHING HOUSE 博集天卷 CS-BOOKY

目录

锵锵三人行·跟陈丹青聊天

Contents

Chapter 1
真正的贵族特别的单纯
001 /

002·到了欧洲才知道人文
007·毕加索是我情人
012·今天的女明星有股子塑料味
015·到处都在拆
018·现代人演不出清末人脸上的气
023·真正的贵族单纯得一塌糊涂
028·大家都不太愿意谈论过去
030·没有一个时代像今天这样鼓励虚荣
033·批斗式的“恶”不能放出来
035·西方消费概念到了亚洲就走形

Chapter 2
历史是每个人私人之忆
039 /

040·怀旧与觉悟无关
044·真实历史是人性的历史
048·太多私人记忆被湮灭
052·记忆是会报复的

054 · 绕不开的俄罗斯情结
058 · 阿赫玛托娃故居感动了我
063 · 这个民族猛得一塌糊涂
066 · 像大自然一样只接受不抗拒
068 · 俄罗斯的西化比中国主动

Chapter 3
消失在
历史中的人
073 /

074 · 碎片式的阅读经验
076 · 当年读书不自由
078 · 漂亮话太好说了
084 · 大面积丧失常识
087 · 眼睛比头脑会选择
092 · 被边缘化的工人群体
096 · 上海的流氓消失了
101 · 中产阶级小姐也没了

104 · 香港其实很“保守”
106 · 礼的实质是尊重

Chapter 4
中国，太生动了
111 /

114 · 黑泽明预言成真？
116 · 科技越进步风险越大
122 · 活不起也死不起
125 · 建墓地值当吗
127 · 历史名人墓多冷清
131 · 视死如生是传统
135 · 《非诚勿扰》像审判一样真实
137 · 今天的年轻人真苍凉
141 · 现在的语言很匮乏
145 · 大风大浪里去锻炼
150 · 还是中国事儿多、热闹

Chapter 5

美是一种被暗示

155 /

158 · 中日之间天然有一种纠葛

161 · 日本色情业全球最人性

168 · 日本人性格集体认真

170 · 脸宽是美是丑

175 · 中国人是更进化的美

181 · 把电视剧当资讯看

184 · 手卷画是古代的电影

189 · 敦煌壁画是宗教连续剧

191 · 雅俗之间用不着互相攀附

Chapter 6

艺术抛弃官样文章

197 /

199 · 从宏大叙事到个人主义

201 · 连“不相信”都不相信

206 · 到今天这一步我很被动

212 · 四十岁以下男的不算男人

215 · 要不写个《更年集》？

218 · 衰老是个被剥夺的过程

219 · 媒体是夸张里面带夸张
221 · 中国没有女性教育
224 · 教养就是要克制
226 · 教育的功能在迷失
230 · 这个社会缺乏让人成熟的机制
233 · 压力和不安弥漫了所有人

Chapter 7
我们没有上流社会
237 /

239 · 第一次画女裸体
243 · 蒋介石从面相看人
245 · 毛泽东爱给人改名
247 · 脸是无辜的
248 · 糙话壮胆
250 · 糙女+淑女=性感?
255 · 淑女靠家庭养成
259 · 我们没有上流社会

锵锵三人行·跟陈丹青聊天

真正的贵族
特别的单纯

Chapter 1

对钱没概念，对穷人、富人没概念，见到个生人就高兴……真正的贵族其实特别单纯。

长期贫困，忽然暴富，到了小孩子那儿，可能有报复心。几代人自卑，压抑惯了，一朝发迹，要最快地证明自己，只有凭物质。

虚荣于人类是不会变的，围观是不会变的，恶意是不会变的，这是老花样；但传播是新花样，电子媒介是新花样。如果我们的交往规则，人跟人之间的诚意、信誉、自由度、约束度本来就有问题，忽然出现个新工具，也会被乱用。

窦文涛：丹青兄来了！我最近比较关心你的行踪，一说你“上山下乡”，到农村画画去了，老知青嘛；再一个信息说你跑到欧洲去了。

陈丹青：到欧洲也是去画画，和一个杂志一起去的，一年一个国家，走走看看。2011 年是李斯特诞辰两百周年，以前的奥匈帝国举办了一系列纪念活动。我照了几张照片发在杂志上。这张是布达佩斯，多瑙河从中穿过，彼岸是佩斯，此岸是布达。

孟广美：好美啊。

窦文涛：俩城市啊？

陈丹青：对，我们以前说“布达佩斯”一句话就过去了，去了才知道，布达是老城，佩斯是新城。布达佩斯的景观格局在一百五十多年前形成，看了这个城市就知道什么叫城市规划了。

窦文涛：是！咱得好好跟人家欧洲城市学学！

到了欧洲才知道人文

陈丹青：这是德国南部一个山顶上的小城——爱森纳赫，是巴赫出生的地方。城里有一座瓦尔特古堡，建于 11 世纪。1802 年，来自德国各个地区和小公国的五百名大学生在古堡开会，德国现代民主的萌芽就是从这儿开始的。比喻牵强点儿，就像我们的五四运动。叔本华、尼采、李斯特也都到过这儿。

窦文涛：真漂亮啊，到了欧洲才知道什么是人文啊！

陈丹青：这是拜罗伊特小城。全世界都知道，这座城和瓦格纳有关。19 世纪末，瓦格纳在拜罗伊特集资盖了一座音乐厅，专门演出他的音乐剧。剧院的外观是希腊风格的，非常朴素，里面几乎没有任何装饰，以便集中听音乐。我在拜罗伊特还意外发现了德国历史上第一家歌剧院，是一座豪华的巴洛克式建筑，为当时德国皇帝的妹妹威廉米娜公爵夫人所建。她喜好文艺，爱听歌剧，从柏林嫁到拜罗伊特之后，就把从奥地利、意大利学来的歌剧院建在这儿。这家歌剧院当时极尽风光，但公爵夫人去世后就几乎没有再启用过，里面所有的陈设还是两百年前的样子。

孟广美：现在干什么用呢？

陈丹青：就空着！瓦格纳在他的剧院奠基的时候，在里头指挥了一场贝多芬的《第九交响曲》的演出，此后这座剧院就很少介入演出，保留下来一座原汁原味的巴洛克歌剧院。

威廉米娜(1709—1758)，普鲁士公主，皇帝的姐姐，1731 年下嫁拜罗伊特·佛雷德里克公爵，德国歌剧于是有福了。欧洲出现歌剧院，初于 1602 年的意大利，之后，法国与奥地利的歌剧院大抵建于 18 世纪。德国，是音乐之邦，我以为歌剧院不在话下，来到拜罗伊特，才知道有一个威廉米娜为本城起建玛格拉维尔歌剧院（Margravial),

布达佩斯，匈牙利首都，欧洲著名古城，坐落于多瑙河中游两岸。早先是遥遥相对的两座城市，后经几个世纪的扩建，1873年由位于河右岸的城市布达、古布达及左岸城市佩斯合并而成。

瓦尔特古堡建于1067年，是一座几乎没有遭到破坏的中世纪城堡，德国的世界遗产之一。1521—1522年，宗教改革者马丁·路德为逃避教廷追捕，曾在此避难，并以神奇的速度将《新约》译为德文，城堡中至今仍存有传说中的路德秘道。

威廉米娜为拜罗伊特所建的玛格拉维尔歌剧院。（《华夏地理杂志》2011年9月号）

为期四年，1748年落成，是全德境内第一座歌剧院。之后，能够想象吗，威廉米娜本人在剧院内亲自编剧、作曲，担任导演，身兼赞助者、管理者与艺术创作者。

从拜罗伊特火车站站台远望，城北山坡，便是那座孤零零的拜罗伊特节日剧院，远看如隐在林中的仓库，二战末期联军轰炸，误为酒厂，逃过一劫。如今预订一票，为期十年，因演出季唯每年的七八月，届时，拜罗伊特想必满是各国赶来的听众。此刻小城清旷无人，围拢剧院的密林正在六月晴午的碧绿大静中，远近一声接一声嘹亮的鸟鸣。剧院正门是古希腊式的赭色墙面与白石廊柱，内厅共一千九百二十五席座位，全部木质，有如中国四五十年代的剧场。陡峭的楔形空间不像欧洲其他音乐厅，不设走廊、包厢和任何装饰。此外，瓦格纳岂容轻微异响！场内迄今不安空调：他的音乐剧最长七八个小时吧，现代观众甘愿挥汗聆听《帕西法尔》或《尼伯龙根的指环》。

1876年，剧院落成。瓦格纳仅得亲自指挥两场，同时四处演出，筹措完善剧院的后期资金。据说瓦格纳在头一场排练中途负气走掉了，尼采在座，未久，写成与恩师决裂的《瓦格纳事件》。此后年年音乐节，直到战事稠密的1944年。翌年，联军占领拜罗伊特，音乐节中止。战后五年，拜罗伊特剧场为驻军官兵上演巴黎的康康舞或好莱坞电影。1951年，经瓦格纳后人与一群赞助者的努力，恢复瓦格纳音乐节。瞧着黑黝黝的坐椅，我想象着全场曾经坐满英法美俄的大兵。

——陈丹青《德意志狂想曲》

毕加索是我情人

陈丹青：我在拜罗伊特意外发现了一位非常重要的女性——玛利亚 · 达古尔特伯爵夫人，她的肖像至今挂在李斯特故居里。照今天的话说，她是一位具有女权意识的人。当年爱上李斯特的时候，她已经嫁做人妇，两人就私奔到瑞士，一起生活了十年。她为李斯特生了三个孩子，后来发现李斯特是一个自我中心主义者，一直有无数女人追求，跟他不可能有未来，就断然离开了他。

窦文涛：那时候，已经生了仨孩子？

陈丹青：对！李斯特不能容忍女人主动离开他，从来只有他先走开的，哪儿有女人走开的！所以，玛利亚 · 达古尔特伯爵夫人有点儿像弗朗索瓦——毕加索的众多情人中唯一自己走掉的。她走掉之后，还用假名写了一本书，说了一些她和李斯特之间的家庭生活隐私，知道底细的都能对上号，搞得李斯特非常窘，很不高兴。

玛利亚 · 达古尔特伯爵夫人活了九十多岁才过世。她生前对哲学感兴趣，写过关于哲学的书，可是那时候女人是不可以署名出版

玛利亚·达古尔特伯爵夫人肖像画

李斯特肖像画

哲学著作的，她就化名男人出了一本。

> “卓越”二字可以形容“情人”吗？二十三岁那年，这位伯爵夫人爱上李斯特，私奔瑞士，为他生养了三个孩子，其中两个夭折了。有如20世纪的弗朗索瓦是唯一主动离开毕加索的情人，十年后，达古尔特告别李斯特，回到原谅她的伯爵身边。
>
> ……
>
> 高贵的侧影。一见之下，伯爵夫人在我想象中仿佛永远侧面。这位勇敢的情人雅好哲学，亲自撰述，在她的世纪，哲学与女性无缘，于是化名男子，出版著作。由她的影响敦促，李斯特开始写音乐评论。分手后，她又以小说《丽内达》的化名角色叙述私奔家庭的十年，据说李斯特颇窘，然而无可奈何。
>
> ——陈丹青《德意志狂想曲》

窦文涛：谈到毕加索，今天很多女权主义者都说毕加索太不是东西了！他是那种典型的自我中心主义者，他离开女人可以，女人离开他，不行！他收服女人有绝招——让她生孩子，生了孩子就拴住她了！这是一种什么样的人性呢？

陈丹青：男权社会一路下来，这种情况各个国家都有。但是19世纪到20世纪这一百年间，出现了一些女性主义先驱，她们用自己的故事告诉你，在一个开明的文化中，女人可以有不一样的活法。玛利亚·达古尔特伯爵夫人就是走在前面的人，她很有勇气，离开李斯特之后，又回到伯爵那儿，伯爵也原谅了她，两个人一起终老。

窦文涛：（惊讶状）啊？又回到伯爵身边了？！

陈丹青：当然啊，鲁迅讲娜拉走后会怎样，还是会回来的嘛[①]。毕加索还有一个情人，他画《哭泣的女人》的时候，以这情人为模特儿。她是一个南斯拉夫裔的摄影家，被毕加索抛弃以后很痛苦，晚年还有点儿像罗丹的那个情人一样，有点儿精神病[②]。但她说过的一句话很有意思，她说，我不是毕加索的情人，毕加索是我的情人。这是非常重要的观念。

窦文涛：我爱，我选，我握有主动权。

陈丹青：问题是，是不是每个女人都能这么想。

窦文涛：广美，你丈夫是你丈夫，还是你是他的女人（笑）？

孟广美：我们是夫妻啊。我好高兴我没有生活在那个年代。

窦文涛：那年代不错啊，可以私奔，跟别人生了仨孩子，后悔了还能回来，哥还要你（齐笑）！

孟广美：我应该没有私奔的勇气，而私奔完之后更没有勇气回去。你想啊，当初你离开他，表示你一定不爱他了，既然不爱他，为什么还要回去？如果只是为了饭碗，我觉得是对自己的一

---

① 1923年12月，鲁迅在北京女子高等师范学校文艺会上发表题为“娜拉走后怎样”的演讲，指出娜拉离开家庭后的两条路：不是堕落，就是回来；还有一条，饿死了。

② 卡米尔·克洛岱尔（Camille Claudel，1864—1943），法国天才女雕塑家，罗丹的情人。她把青春、才华、灵感、热情、技巧、肉体……一切的一切都奉献给罗丹，她曾要求罗丹在她和另一个女人之间作出选择。1913年秋天，卡米尔被诊断患有严重的精神分裂症，被送往疗养院一住三十年。罗丹曾对她说：“你成了我最强的敌人。”而卡米尔说：“我希望我从来也不曾认识你。”

毕加索一生拥有众多情人。对他而言，俘获一个新情人，就是一个新模特儿，就会出现一种新的绘画创作手段。1935 年，二十九岁的摄影师朵拉 · 玛尔在巴黎一家咖啡馆里邂逅了五十五岁的毕加索。当时，朵拉戴了一副绣着玫瑰花的黑丝手套，手里把玩一把小刀，不慎割破皮肤，流出血来。绘画大师在旁注视着她的一举一动，很快就俘获了这个女人的心。

毕加索利用朵拉的面孔创作了一系列精彩肖像。与此同时，他的另一个情人泰莱丝也与朵拉如对手般交替呈现在画布上。情敌相见，分外眼红，激烈争吵。毕加索在旁作壁上观，埋头画画。他承认，两个女人他都爱，一爱其温柔，一爱其聪明。

争斗持续几年，朵拉尊严丧尽，痛苦万分。1943 年，六十二岁的毕加索又邂逅了一个新情人——二十一岁的美人弗朗索瓦，朵拉不得不接受被抛弃的命运。她一度出现精神问题，必须在疗养院接受电击治疗。晚年，她独自隐居在法国南部一所毕加索赠与的房子里，直到 1997 年九十岁逝世。毕加索送她的所有油画、雕塑、素描或纸片，甚至一片餐巾纸上随意涂抹的速写，她都毕生珍藏，从未出售。

种贬低。

窦文涛：哦，你是这么理解这个问题的。不存在人生路途兜兜转转，回心转意，破镜重圆？

孟广美：你跟另外一个男人生活了十年，还生了仨孩子，你说你还爱着前夫？

窦文涛：你看，你这个胸怀还是比不上人家欧洲伯爵夫人（齐笑）！

今天的女明星有股子塑料味

孟广美：我觉得伯爵夫人这样的侧面肖像，只有这种民族的人才可以画。

窦文涛：中国人不画侧面吗？

孟广美：你来个侧面，让陈老师看看。如果他想画你的肖像，愿意画侧面还是正面？

陈丹青：其实中国人一点儿不比西方人难看，只是复制这张脸的媒介是西方的——从油画到雕塑、照片、电影都是西方的，中国人极尽微妙变化的面部结构一拿到复制影像上就会吃亏，以现代媒介来审美更会加剧这种自卑。可要回到中国古典小说里，可以想象中国人有多好看！

孟广美：就像网上流传的杨贵妃图片，特别胖的三下巴，眼睛小小的，一点儿都不符合现代审美标准。

陈丹青： 各个时代的审美观都会变，西方也在变，比如维纳斯时代要胖，要有肚子，臀部要凸出来。现在却绝对要求骨感，要瘦！但不定哪天又会变回去。

窦文涛： 正好我们看看《大众电影》，当年这可是全中国亿万人共享的电影杂志啊！现在就淹没在时尚杂志堆儿里了。

陈丹青： 革命年代唯一能看美女的杂志。

窦文涛： 当年的潘虹、张瑜、石兰，在那个年代，她们算是相当性感的。再看今天的范冰冰、李冰冰……这位认得出是谁吗？

陈丹青： 这是孟广美啊！

孟广美： 太坏了你，文涛（笑）。

窦文涛： 可见女人脸的变化有多大！我不知道我是不是有点儿老棺材瓤子了，我怎么就觉得那个年代女明星的肖像有一种贵气在，今天的女明星——虽然打扮得也挺漂亮，但总有一股子塑料味儿。

陈丹青：（问广美）你同意吗？

孟广美： 我同意啊。现在太多 PS，太多后期加工了。90 年代初我刚出道的时候，流行用粉条上粉底，厚厚的，把脸打得像蛋壳一样晶莹剔透，像蜡像一样完美才行。现在慢慢开始追求自然了，但追求自然的同时又要求女人皮肤好、骨架好，所以才有那么多女星整容、隆鼻、削下巴。做女人真不容易啊，女人想保存一点儿天然美，都像犯了"滔天大罪"！

窦文涛： 我就觉得吧，你们就是个自我作践的物种！哈哈哈！

《大众电影》封面上的潘虹、张瑜、石兰

时尚杂志封面上的范冰冰、李冰冰、孟广美

到处都在拆

陈丹青：那个年代的《大众电影》封面和今天一本无论什么杂志的封面，相当于两种印刷文化，照相机、用光、成像的方式都不一样。清末民初的出版物，那种印刷技术就像今天看见三百年以上的木头家具一样，让人肃然起敬。

窦文涛：说到这儿，我想起前阵子看了部电影《巴黎，我爱你》[①]，看得我直流眼泪啊。我觉得北京不能让我有这种感触，但陌生的巴黎，只去过一次，我就爱上它了。当年我去巴黎的时候，同行的有位女老乡，说巴黎是我们心中之国的首都，是一个可以走的城市。我一想，确实是，你想我们所在的城市还能走吗？在巴黎我一天吃三顿还瘦了，为什么？八小时都在走，可以走，愿意走。

陈丹青：上海总算还没被全部毁掉，还有很多马路可以走，你可以下楼到街上买样东西然后回房间继续做事。香港虽然大楼林立，也还有很多私人空间。北京就几乎不可能了，完全为车着想，没有人走的地方，太可怜了，过个天桥都不知道要消耗多少卡路里！所

① 《巴黎，我爱你》是2006年戛纳电影节开幕影片，由法、美、英等国家二十余位导演联合制作，场景设在巴黎，包含了十八个小故事，讲述爱情、亲情、友情等发生在巴黎的几乎所有的人类感情。

以别提欧洲，提欧洲能气死你！平常我们过日子，有几个人能想起匈牙利？几个人知道匈牙利？可是布达佩斯这一趟走过，再看北京，什么古城？古什么古？算了吧！论历史，布达佩斯比北京年轻啊，但论古城，你北京还好意思说自己古？德国那些小城，最早的歌剧院还在，最早的莎士比亚剧团在一个山城里，那个山城的大公请勃拉姆斯永久地住下来，勃拉姆斯说，我不来，我要在维也纳。可是《勃拉姆斯第四交响曲》首演是在这个山城。1945 年以后，山城归了东德。东德政府用火车、卡车、汽车把周围的农民全运到城里，在歌剧院看歌剧，看莎士比亚，看完再送回去！所以，我们好意思说在这儿弄文化、玩文化、搞文化之旅？！扯淡的事！

窦文涛：说起来确实害羞，没脸！前一阵南开大学开会谈保护文物，说现在城市拆了真的古建筑，却建了很多假古迹，这个问题要警惕！我看其实现在遍地都是这个嘛！

陈丹青：现在地面上已经没什么东西留下来了。大同据说出现一个市长雷厉风行，要保护大同古城[①]，规定遮挡华严寺视线的建筑一律拆除，不管是宾馆、政府大楼还是民居，一律迁到别处去。问题是事情何必走到这一步呢？现在整个山西只有平遥还有完整的旧城墙。我最近买了一批古董照片，想看看 1937 年日本人占领中国时，武汉、长沙、上海、广州这些城市到底什么样儿。结果在日本侵略中国的照片集里，我终于看到了，跟现在完全不一样，完全两回事儿！

窦文涛：日本人还没去摧毁一些老东西。

---

① 大同本为北魏都城，境内古建筑、古遗址多达两百余处，其中云冈石窟、北岳恒山、悬空寺等闻名世界。据说当年日本侵华时曾派设计师对大同作过规划——“对如此贵重的文化遗产进行适当的保护是我们的文化使命……”1949 年后，大同逐渐成为闻名遐迩的煤都。

陈丹青：当时中国是一个前现代国家，一个文明古国，已经初步现代化，出现了一些现代城市，一半是古城一半是新建筑的规模已经展开了，但是——

窦文涛：到处都在拆！台湾是不是挺有保护意识的，广美？

孟广美：台北人口增长很快，该拆的、能拆的也都拆得差不多了，可能还有一点儿小小的所谓日式建筑在那里。

> 中国建筑设计的“模仿的模仿”，其他国内艺术门类难以望其项背。二十年来，中国都市的城市建设索性好好模仿中国香港、日本，甚至欧美，也罢，然而我们如今置身其间的城市建筑景观，是几度转手的、失真的、假想的、虚拟的、急就章的、不恰当的奢华、极度夸张的，最后至多弄成是三流的“湾仔地区”、“欧陆风情”或“曼哈顿式”建筑群，正如民工穿西装打领带那副模样：他所效仿的不是真的香港人或西方人，而是本村第一个打领带穿西装的人。
>
> 同样地，我们的艺术创作对失传已久的民族传统也行使“模仿的模仿”。仍以建筑为例，民国与解放初期建筑的“民族风格”本已是对古代建筑的模仿与转化（审慎的、良性的、大致成功的），二十年来，我们对本国的“模仿”式民族建筑再度“模仿”（粗暴的、恶性的、鲜有成功的范例）。有如廉价的连续剧布景，中国正在被另一个假冒伪劣的“中国”覆盖，好比身穿旗袍的餐厅侍应与宾馆小姐：她并不仰慕前代的女子，而是听命于要她穿上那件袍子的人。
>
> ——陈丹青《退步集·建筑设计与行政文化》

现代人演不出清末人脸上的气

窦文涛：广美，听说你看《建党伟业》竟然看得热泪盈眶？

孟广美：五四运动那一段我真感动了啊，还掉了眼泪。后来听大家说这片子不咋地，可是我大半夜却看得热血沸腾！

窦文涛：这部电影有很多明星参演，但很多人说，刘烨一看就是刘烨，不是毛泽东；张震一看就是张震，不是蒋介石……我觉得吧，《建党伟业》在演员方面比《建国大业》更认真，更注重形似，刘烨为演毛泽东还增肥呢。可为什么我还是觉得他们跟历史照片上的人不是一回事儿？好比我感觉民国时候的人是厚的，现在的人虽然形似，但显得薄。你看陈坤跟周恩来就有点儿形似，但周恩来的长相有一种正、诚、厚在里头；而蒋介石，长得真是“中正”，按说张震也有点儿形似，但就显得单薄；李大钊也是，很敦厚；而陈独秀，简直可以称为“陈风雷”了——脸上有风雷之色。

陈丹青：这种问题世界范围内都有。我们小时候看《列宁在十月》，里面不光列宁、斯大林酷似，其他角色也非常像。到美国以后，我至少看了二十部西方美术史上重要画家的电影，毕加索、蒙克、凡·高……人类总会想办法找长得像的人再现，这也是一种欲望，但有时成功，有时不太成功。我印象中，中国影视剧里最酷似像的两个人，一个是《走向共和》里演孙中山的演员，太像了，演得也好！还有一个是袁世凯，扮演者孙淳是个很好的人，却把袁世凯演得神形兼备。

孟广美：这部电影里的明星，对我来讲，干扰多过兴奋，像蔡锷是刘德华演的。我记得小时候读历史书，蔡锷是一个小脸啊——

窦文涛：小瘦子。

孟广美：对！怎么忽然间蔡锷就成了刘德华呢？看的时候对我特别干扰。还有孙逸仙的扮演者，他不说话的时候，太像了！但是一开口——虽然我也不知道孙逸仙先生说话是什么样的，总觉得少了点儿什么。

窦文涛：这要请教丹青兄，是不是那个时代的人不可能在另一个时代再现？

陈丹青：我这一代人是看革命电影长大的，五六十年代的主流电影里军阀、帝王、英雄、烈士这些角色都演得非常像，比今天像得多，为什么？因为那一代人见过这些人。比如白羽在《风暴》里演军阀，他当然没当过军阀，但他小时候见过。还有《甲午风云》里演邓世昌的李默然，他可能没见过清末的海军官员，但他小时候见过地方官——他们走路时的那种威、那种静、那种激动。再有赵丹演的林则徐，我听好几个年轻演员说，那是无法超越的。我小时候也见过一些清末出生的人，他们天生有一种做派在那儿。

窦文涛：毛主席、周总理，其实从出生年代来说都是清朝人，是清末出生的。

陈丹青：对！毛先生 1893 年生，周恩来 1898 年生，论文化身份，他们是清末人。我们现在看清末人的照片，像杨度、梁启超他

众明星出演《建党伟业》

刘烨饰演青年毛泽东

陈坤饰演青年周恩来

张震饰演青年蒋介石

张嘉译饰演李大钊

冯远征饰演陈独秀

刘德华饰演蔡锷

《走向共和》里的孙中山由马少骅饰演

《走向共和》里的袁世凯由孙淳饰演

们，都有股气，跟整个时代是在一块儿的！这个气过了，你怎么像都演不出来，没办法的事！

> 共产党那拨人，都是有脸有谱的范儿：朱德是忠厚的军阀气，周恩来是辅佐的宰相气，李大钊是典型的儒相，瞿秋白是刻骨的亡命书生气，陈独秀根本就是康梁那代大逆子，生得晚了，气概一点不输，犹有过之……二流的角色也是有声有色：康生那张明末东厂脸，许世友简直是明初的武夫相……搁在古代，这些脸谱可就进了三国水浒，说书唱戏作演义了。
>
> ——陈丹青《新周刊》访谈：赳赳民国

窦文涛：你在台湾有没有见过一些国民党元老？

陈丹青：1995年，我在台北见到一些场面。民进党搞集会，当时他们还在野，台上三五个创始人都蹲过监狱。但我重视的不是他们，而是坐在台下饭桌上的人。地主豪绅、社会贤达，从老太爷、老太太一直到儿子、媳妇、孙子、曾孙辈，整个家族坐在那儿。这种样子在大陆已经看不见了，只记得50年代在上海偶能看到这样的人，肥头大耳，讲话非常有礼貌，是士绅、早期民族资本家的后代。有些人已经八九十岁了，坐着轮椅被扶出来，可那气象真是——跟今天有钱人完全不一样！所以，50后、60后、70后、80后要演一个清末或民国人，真是困难；尤其70后、80后，他们根本没见过那样的人！演员很敏感，只要见过一个人，比如黑社会老大，哪怕装都能装得比一般人像，但是没见过，就很难演出来。

我见过西方传统绅士，虽然不多，但肯定没见过他们被迫当众扫地，所以不好“相对”而比较。在中国电影或电视连续剧中当然见过很多旧时的绅士，服装不像，神态更不像。索性不扮绅士也罢，一扮演，就不像了，虽然还要做出他以为（其实是导演以为）的绅士模样。老演员没问题。赵丹、刘琼、金焰、金山、孙道临……他们小时候见过真的绅士。

——陈丹青《荒废集 · 绅士的没落》

真正的贵族单纯得一塌糊涂

窦文涛：见过和没见过还真不一样。我最近看篆刻家陈巨来[①]先生写的《安持人物琐忆》，太有意思了！他在书里回忆了很多他见过的人，比如袁寒云——袁世凯的二公子，那家伙真叫一个文采风流！他说这样一个翩翩佳公子，又是青帮老大，有很多徒弟，但真见到他，“恂恂如也”，待人那样谦和礼貌——

陈丹青：对各色人等一视同仁，这种人我小时候见过。真正有钱人家的子弟，根本不像电影里演的那种恶霸公子，横得要命。

---

① 陈巨来(1904—1984)，原名斝，字巨来，别署安持老人、牟道人、石鹤居士，斋名安持精舍，浙江平湖乍浦镇人，其篆刻艺术蜚声海内外，作品得到金石收藏家的珍视。又为诗人，擅书法，曾与多位文人雅士有过交往，如吴湖帆、张大千、溥儒、冯超然、谢稚柳等。

袁克文（1889—1931），别署寒云，袁世凯次子，诗词家、书法家、天津青帮帮主，号称“南有杜月笙、北有袁寒云”，与张伯驹、溥侗、张学良同为“民国四公子”。才华横溢，风流倜傥，除元配妻子外，还娶了五个姨太太，没有名分或“一度春宵”的情人就更多了。中年千金散尽，靠卖字鬻文为生。死后家里竟办不起丧事，靠帮会的徒子徒孙凑钱出殡，有些妓女也扎了白头绳前来哭奠。

他们其实单纯得一塌糊涂，对钱没概念，对穷人、富人没概念，见到个生人就高兴。真正的贵族，用咱们现在的眼光看，很傻 ×、特单纯。

窦文涛：陈巨来就讲袁寒云，说他流连青楼，死的时候很多青楼女子为他送行，可是一桌子喝花酒的时候，他对女子碰都不碰，待之以礼。后来陈巨来问他，为什么这样？袁寒云说，我只单独跟这个女人在一起的时候，可以有一些亲昵举动，如果在人前，对这女人就太不尊重了，那不是风流本色。

> 寒公虽好色逛游，但对于妻妾及亲族等等，均端肃不敢有所涉遐想者也。平日对任何友好，亦毫无口不离牝牡等等。更可贵者，率余畅游青楼前后达百次以上，见其对任何所腻之妓，均一如普通友人一样，从未动手动脚，稍露轻薄之态。任群雌粥粥，众星拱月，他亦彬彬有礼分别待之，有时在中午即率余往游，见所欢正梳妆时，即取粉携脂，殷勤侍奉，至今余读《红楼》小说四十四回中“平儿理妆”一段，他像极了宝玉神态也，若篦头等，则不屑为之了。
>
> ——陈巨来《安持人物琐忆 · 袁寒云轶事》

陈丹青：陈巨来写陆小曼也很传神，我没见过任何一个人写陆小曼能写得让我想象出她这个人来，只有他写的好像真能见到陆小曼。小曼并不像大家说的是个风流女子，她是有真性情的。此外他写民国狂人也很有意思，那时候人的性格不受压抑，一方面有约束、有规矩；另一方面，人的个性其实蛮不羁的。

窦文涛：书里讲到大画家溥心畬的一个细节，人家送他几方印，他拿来看了看，随手就交给陈巨来，说正好磨了，你给我刻印。这要让我们看，是对送印的人不礼貌，但他也不是装出来的，他是皇亲国戚，从小就这样。

小曼一生男友，一一数之，可成一点将录，最著者为胡适，不图临终时最后见者为余，送入火坑时又只余一人，殆虽未能称为有始，而可云有终耶？她当年在北京时如何骄娇，余只闻尹石老及一吴济川（吴眉生之子）二人形容之。但自余廿三、她廿五，相识后，觉只有娇态，但无一轻浪之言行，又生平不背后诋人，存心忠恕，如大雨之妻月波，小曼从不言及其“白兰花”出身，即其例也。尝有一次于烟榻上问余曰：“某某，吾与你相识近廿五年了，你看吾究竟是一淫妇否？”余云：“瑞午与你二个，‘老枪’则有之，淫妇未必也。”初，吴湖帆对之鄙视之至，认为余不应与之为友，及新中国成立后，吴、陆相识了，亦云：“当年把她看豁边了。”

——陈巨来《安持人物琐忆·陆小曼》

在此二月中，溥嘱余刻者，达三十余方之多。以前所用印均为王福庵之作，至是时悉为被渠磨去了。一日有顿立夫（原为福庵拉车夫。后王收为弟子，印神似王也）由荣宝斋经理梁子衡携之晋见，并赠印二方求正。溥略一展现，即随手付余，笑笑曰：“正缺石头，请你刻吧。”余见顿方在座，婉告之曰：“这刻得很好，可留用也。”溥曰：“你不磨，吾磨。”言时即就砚砖上磨去了。可怜连刻的什么字，他都未见也。梁大窘，顿立起即去了，溥若无事坦然也。又一日，吴仲垌以手集古人印拓一册呈之，溥又略一翻阅，即随手给余曰：“送你吧。”余曰：“吴先生拓得精极的，我不能要的。”溥曰：“你不要？”即向字纸篓中一丢了事，使吴大窘而去，溥自若也。

——陈巨来《安持人物琐忆 · 西山逸士》

陈丹青：他或放诞，或斯文，或讲理，或狂暴，纬度非常大，民国时候还保得住这种风格的人很多，所以陈巨来这本书很珍贵，能够切片清末民国。我还没见过任何一本著作能对当时的男女关系有这么详尽的，几乎称得上是社会学贡献意义上的描写。比如他写到一个朋友，一星期里四天在大老婆那儿，两天在小蜜（一个十八九岁刚从窑子里出来的小女孩）那儿。这四天要是小蜜出去交际，被人弄走了怎么办？他就叫陈巨来去陪她。陈巨来个子矮，长得也不好看，人很乖巧。他事先告诉陈，跟小蜜亲密也没关系。结果考验了两天之后，发现陈巨来太好了，发乎情止乎礼……这本书里有大量这样的细节，文学也很少这么写，除了《海上花》之类。

讵他竟在巨鹿路上立谈云：“你看，这新取之人如何？”余云：年轻貌美，是你艳福也。他云：“正因如此，所以要与你相商，她为北平唯一大名之妓女，与福建沈成武医生，早有嫁取之约。沈为北大毕业生，去岁已赴外国留学了，约五年可回国取之为正室。所以吾至北平时，她正拟撤艳帜等矣，被吾以计绐之云：只要求同居五年，沈一回国，即任其仍归去，作正室，故化了大功夫始骗来的。但她野性难驯，吾恐又如小春红之被人占去，必须设法绊住之。所以昨夕，吾故意留你晚饭，又同去看电影，回家后，试探她对你印象如何。知她对于你甚有好感，所以现在请你，在吾至正室处当夕时，你来陪住她闲谈，不使出去寻女友访什么人，吾已决定除她之外不再取妾了”云云。是时余始知他每隔四天在大妇家，她只轮到二天当夕者，余戏谓他云：“你不怕以小鸡托付黄鼠狼？”蒋云：“你对施女，尚且不乱，吾乃诚意求你，望勿笑谈也。”

——陈巨来《安持人物琐忆·记蒋密韵后人》

大家都不太愿意谈论过去

窦文涛：广美，你这个台湾人对民国人物有什么印象？

孟广美：我要寻找这方面的资料，最好的来源是我父亲。他是河南人，先去了海南岛，后来到台湾。但奇怪的是，我父亲对以前那些事绝口不提，很多事我都是后来看书才知道的。我曾让他教我说河南话，他说我现在讲的就是河南话啊——根本瞎掰嘛，他讲的是台湾式普通话，可他告诉我是河南话。

窦文涛：这是为什么？

陈丹青：也许大家都不太愿意谈论过去。我爷爷是黄埔军校的，参加过北伐战争，但是我到台湾想问他的时候，他都不讲。

窦文涛：我有一次采访白先勇先生，想让他讲讲他父亲白崇禧，他也不讲，顶多讲讲那时候的生活习惯——比如宋美龄的吃、穿，但不讲那些历史风云。

孟广美：所以我看《建党伟业》非常感动，心里发出感触：世事无绝对，以前书上教我们要分辨黑白是非，但实际上没有绝对的事情。

窦文涛：那当然。说到民国面孔，我老是找不着合适的词儿，民国人的长相是不是跟今天的人有点儿不一样——

陈丹青：这是一个集体性的精神密码，也是生理密码。一个阶段，尤其是改朝换代或战争频发的时代，会塑造一群人，这群人会体现那个时代的精神。

窦文涛：我就觉得看那时候照片上的人，怎么一个个都那么气宇轩昂呢！不管是秋瑾还是蒋介石，包括周恩来——

陈丹青：这里还有个技术问题，那时候照片都是黑白的，而且拍照要到照相馆，是很郑重的一件事。

孟广美：有仪式感的一件事。

陈丹青：对，跟今天嘻嘻哈哈随便拍照不一样。那时候的人被凝聚在一张具有高度仪式感的黑白照片里，经过岁月的淘洗就显得很端庄、很有精神头儿。而且那是个前现代社会，无论上等人、下等人都被教育要“坐有坐相，站有站相”，不像现代社会主张的所谓自由，穿上一条牛仔裤就上街了。

孟广美：那时候的人不会装模做样。

陈丹青：但另一面，他又要有点儿装模做样。那时候所有人拍照，其实都是一个表情模式，你仔细看，精神头儿虽然好，但表情几乎一样。

没有一个时代像今天这样鼓励虚荣

窦文涛：大家听说郭美美了吗？

孟广美：听说了，当时我人在欧洲，回来后这事儿就掀起轩然大波了。

窦文涛：要让丹青兄评价，他会说：“对这种很快就会过去的人和事，我一般不予评价。”（笑）

陈丹青：真是不知道该说什么（笑）。

为什么我对炫富不感兴趣？这好比我对餐馆里一桌桌过于铺张的剩菜，无话可说。穷了几十几百年的国民，一朝富了，你拦不住有人要来招摇，一如饥饿的记忆潜伏及今，管不住众人点菜时，狠狠报复那粮票油票的年代。总之，都是对匮乏记忆的集体性心理报复，兼以自我放纵。时隔几十年，上几代记忆还会有作用吗？

这就是集体潜意识，不但隔代遗传，且会铸成集体基因，传给对历史几乎无知，也毫无兴趣的下代：某些下代眼瞧上代的寒碜劲儿，得了钱，就会本能地报复。

为什么我不愿谈红十字会？因为不相信，一如今日的大学，无非官场，无非官僚。我的不相信，还包括对历来监督它、改变它的所有可能深刻地不相信。今岁，我所辞职的大学迎来校庆，好几家媒体要我说几句，我谢绝了：有何可说？说什么？说了而即使是发表了又有什么用？此所以近年除了上“锵锵”，我不再接受其他电视台采访，也不再公开谈论教育问题，深在理由，都是不信任、无所谈。我知道，不相信，不说，已在下风，已是下策。可是网民也从来处于下风，从来只有下策，如今有了“围脖”，唯整天调弄巴掌里那枚小手机——幸亏还有手机。

——陈丹青《为什么我没有谈论炫富与红十字会》

窦文涛：“郭美美事件”举世罕见啊！全国网友要想围观一个人，简直能让他无所遁形！据统计，郭美美炫富事件现在搜索已超过了120万次，关注的网民超过8000万，新闻26000次，属特级舆情事件，超越了以往任何娱乐事件！随即出现了即时人肉搜索，即时文艺创作互动，形成微博、天涯挖掘模式……据说，她从深圳半夜飞北京，飞机还没起飞，身份证号码、登机牌、座位已经被“人肉”出来了。

陈丹青：太可怕了！郭美美年轻冲动，大概忘了这是电子媒体时代——没有一个时代像今天这样鼓励虚荣，也没有一个时代像今天这样出名方便！这是媒体的事，不是郭美美的事。要放在二十年前，她怎么炫富？她到哪儿去炫富？

窦文涛：通过郭美美这个事儿，我就想啊，微博是不是有一种掩耳盗铃的作用呢？比如一个普通人，即使她发“开生日 Party”、“开游艇”、“骑德国赛马”的消息，也就几个小圈子里的朋友看看，但一旦她被广泛关注了，带来的后果估计连她自己也得被吓着！

孟广美：当然。前段时间我看到一篇文章，讲 Facebook 现在面对网民大量流失的问题，因为大家已经开始厌倦这种社交模式了。这跟微博在中国的情形有点儿类似，对微博，我现在也有点儿心有余而力不足了。到底该关注别人，还是被别人关注？

窦文涛：哈哈哈，孟美美也快崩溃了！丹青兄原来也开过博客嘛，后来怎么不开了？

陈丹青：我开了一年马上就停了。我发现博客不能久待，赶紧就走。等 Twitter 上来的时候，别人都让我开，我一点儿也不想开。

窦文涛：为什么呢？

陈丹青：在媒体上露面，会给我带来困扰，我会失去一部分生活。我很在乎这个，所以及早止步。

好些年轻人大概还是学生，扯着叫我别走，我谢谢你们的善意。年轻人要寻师，要听讲，当然理解的，但不要夸张一个人的作用，更不可看太高。如今一些社会“名流”给弄得不成人样子，包括我，便是这样子给弄坏掉的。我每讲演，年轻人就上来要签名，要拍照，我只好三陪小姐似的陪着耍，不然伤了年轻人的自尊心。现在容我说句狠话：真有出息的青年，不做这类事。

……

网络、博客近年火，实在是大家无聊。顶好的去处，还是书店。学画的青年，中国没有像样的美术馆，别错过好展览。

——陈丹青《收摊的话》

批斗式的“恶”不能放出来

窦文涛：前段时间我遇到个明星，他说了一句话，“靠出名挣钱的人，在古代是下贱的人，真正的贵族是无名的”。

陈丹青：他说得不对。古代还没有媒体，一场戏就一场戏，不可能转发、群发。今天有了媒体，才特别容易出现这种事。媒体是复制、转播和速度，是双刃剑，一方面红起来太快了，谁都有可能红；但另一方面，像郭美美现在不是要逃吗?

窦文涛：风闻郭美美要逃往澳大利亚，澳大利亚使馆工作人员证实，一天之内他们接到了数百个电话，要求暂停郭美美赴澳签证。

陈丹青：这很可怕！像郭美美这样的女孩子要虚荣，但立刻就尝到了代价，网民“人肉”她，群起而攻之。我们那个年代的人，从小就知道，全国通缉一个人，一旦他被揪出来，所有跟他认识的不认识的、相干的不相干的人都可以侮辱他。很多人就这样死了，还没开始斗就吓坏了，自杀了。所以这种批斗式的“恶”不能放出来。

人性的好奇、恶意，众人好意加起来变成的巨大的“恶”不能放出来。十个人打听你，你都会害怕，何况成千上万，好可怕！

> 那些年全国张贴的通缉令，大抵是机关单位轰然揪斗的对象，日常生活小角落，却也天天有一大群人对一个人咒骂、踢打、吐口水、围追几条街、折磨几个月：被追者，并非当时的“阶级敌人”或“走资派”，不过是邻里悍妇、不讨人喜的老头、涉嫌招摇的姑娘、趁乱偷窃的盲流、无事路过的外地人，甚至沿街瘫倒的疯汉与疯婆……亿万人里谁都有泄愤之心、凌弱之力，一旦撤除底线，对人民说：上啊，闹革命！八亿人民，就此乱套。其时我十三岁，和野孩子天天街上寻这类热闹看，其势汹汹的群众，浑身血污的惨相，是我童年密集的记忆。直到今天，只要看见有规模的群情激昂，奋然围观，不论看谁，为什么看，我都会忆及四十多年前所向披靡的“群”与“众”。
>
> ——陈丹青《为什么我想起四十年前的群众》

窦文涛：要是全民调查、全民跟踪、全民制裁、全民执法，谁能逃得了？！

陈丹青：奥威尔《1984》讲的是“老大哥”意识形态集团，但他没有预见到后现代电子传媒会变成这样。没有了“老大哥”，但谁都可以监视，也将被监视。不过，它也有不一样的地方——它很快就去追其他人了，还记得璩美凤吗？我回国时候刚好遇到这事儿，但现在谁还记得她？还有几年前的“艳照门”，虽然有余波，但公众已经去找另一个人了。这就是我为什么不太谈这件事，因为它只是 right now。现在我们都关注，如果这时候出现了另一件事，大家马上又去关注别的了。

窦文涛：当年的“艳照门”今天改“离婚门”了（笑）！

西方消费概念到了亚洲就走形

窦文涛：说到炫富，我这个土鳖，郭美美说的那个车的牌子——什么玛莎拉蒂，我连听都没听说过！广美，你可是过过富贵日子的人，你有什么感觉？

孟广美：我跟陈老师一样也没什么感觉。这个年纪的小女孩，手拿爱马仕包拍照，其实是在说爱马仕比她自己更重要！她虽然在玛莎拉蒂前面摆 Pose，但她并不知道这车珍贵在哪儿。我觉得这是没有意义的，一个奋斗了半辈子的富豪可能都买不起一部这样的车子，二十岁的小女孩开这种车很光荣吗？我觉得无聊。

陈丹青：长期贫困，忽然暴富，到了小孩子那儿，可能有报复心。几代人自卑，压抑惯了，一朝发迹，要最快地证明自己，当然凭借物质。这个风气是西方带坏的，西方自消费社会以后出现了“名牌”这一说。19 世纪的时尚还不是这样子，不是一套衣服、一个包就能怎样。

孟广美：西方人一辈子买奢侈品可能仅仅就几回，咱们现在是一个月一回，甚至一个月几回，价值观已经偏差了！

陈丹青：西方最早输出了这种价值观，当然西方人普遍教养水准比咱们高很多，不会做出如此疯狂之举。但这个概念确实是西方输出的，消费和时尚概念到了亚洲也走形。这种虚荣最初从日本人开始——集体买名牌，然后慢慢向中国香港、南洋、中东移动，现在终于轮到内地了。这是"二战"后起来的一种消费文化，它跟传播、交通、旅游业以及全球市场的发达是分不开的，这是一整套话语，哲学家的分析很多，但他们没有预见今天这种情况。一切都跟传播有关，这个魔鬼一出来，你不知道它将来的形态会怎样，尤其是那些被带坏的国家的文明会作出怎样的反应。我很期待中国的文化研究学者来研究这个问题。虚荣于人类是不会变的，围观是不会变的，恶意是不会变的，这是老花样；但传播是新花样，电子媒介是新花样，媒体固然进入了新时代，大家的沟通方式两样了，但我还是坚持每个国家原来的文化形态会起作用。一个新工具出现的时候，它的形态会变，但有一种价值观始终不变，比如人与人之间的尊重和底线。如果我们的交往规则，人跟人之间的诚意、信誉、自由度、约束度本来就有问题，忽然出现个新工具，也会被乱用。

互联网当然是决定性的改变：在传统媒体外拓展一大片空间。但不要误解这就是真的言说空间——正剧不能演，只能弄点滑稽戏。它给你造成误解，以为挺热闹，其实不是这样的，真正的言说空间不是这样的。互联网只是舞台，不是节目。

——陈丹青《荒废集·访谈杂录》

> 可是蚁民为什么爱围观，直接地说，就是缺少社会参与感……如今，临事围观，议论纷纷，“人民群众”多少得以享受几分参与感。而知情的愿望，公议的热情，集体的义愤，问责的自觉，更是日益可观的好现象，然而参与和参与感，究竟两回事。
>
> ——陈丹青《为什么我想起四十年前的群众》

窦文涛：没错儿！就像我刚才讲的那个明星，为什么他说靠出名挣钱是贱民呢，因为他非但没享受到出名的好处，反而体会到了坏处。比如飞机延误两小时，全国各地的朋友都给他打电话。一问，原来坐他后座的人给他拍了照传微博上了。他说，要这么着，还敢活着吗?！

孟广美：我在飞机上也接过一条微博短信：“孟老师，我坐在你后面，你护手霜的味道好香啊。”我感觉，衣服背后的拉链被人拉开了……

历史是每个人私人之忆

Chapter 2

对历史的叙述，我们长久以来太习惯于大叙述了。其实历史是非常具体的，它在每个人那儿都是私人之忆，是活生生的，就是关于祖母的记忆、关于一条街的记忆。

这种记忆你让它有个出口，反而不那么容易走极端，越是把个人记忆扭曲、变形，就越容易出问题。

我们是多么精明、世故、苟且、机巧的一个民族，已经聪明成精了。可俄罗斯还像你讲的，做什么，一拳头下去，血出来了，猛得一塌糊涂。

窦文涛：丹青兄、文道兄，你们两个光头今天都穿了黑，成黑山党了！哈哈，真挺酷的！最近我看丹青兄的《荒废集》都看得失眠了，到底是画家啊，重视觉，书里配了好多图片。我挑了两张，丹青兄给我们讲讲。

陈丹青：这一张是 1949 年开国大典之前，中国人民政治协商会议成员一块儿集体留影，开会商讨建国大计。下一张是 1949 年年初，蒋介石和宋美龄到浙江最后一次祭祖。

窦文涛：从照片看，这个蒋光头和宋美龄还是比较爱惜皮肤的，哈哈。

陈丹青：这是对中国人很要紧的一张图，因为祭祖之后他就到台湾去了，此后再也没有回来过。

怀旧与觉悟无关

窦文涛：跑到台湾又是一场风风雨雨。看这张照片，我想起台湾的一部电影《海角七号》，现在内地、台湾、香港都在聊这部电影，陈老师看了吗？

1949年，北京成立新政协筹备会，图为筹备会常委合影。

1949年春，蒋介石夫妇在浙江奉化最后一次祭祖。

《海角七号》2008年由台湾导演魏德圣拍摄，歌手范逸臣和日本演员田中千绘等共同出演。讲述怀抱音乐梦想在台北遭受打击的年轻人阿嘉，回到台南家乡依傍大海的小镇恒春，当了一名代班邮差。有个寄自日本而无法投递的邮包被他私自拆阅：里面除一张泛黄的少女照片外，还有几封写于六十年前的信件。其时日本在第二次世界大战中战败，一位日籍教师随军撤退时遗弃了相约私奔的台湾女友。归日途中，他将爱意和悔意化为文字，但信件直到去世，才被其女儿代为寄出……

陈丹青：看了，很感动。这是一部真正的台湾电影——台湾人的电影，非常审慎地告诉你台湾这六十年的归属感在哪儿，这部电影的分寸掌握得非常好。

窦文涛：我看到一些台湾文化人士评论，反而在批判电影里的那种文化乡愁意识。一定要到日本去寻找台湾的文化乡愁吗？他们认为，这是对历史的涂抹和歪曲。其实当年的台湾在日踞时期确有不为人知的一面，这部电影通过一个日本歌星在台湾的经历品评台湾，用日本人的眼光看待我们的文化乡愁。但这种视角到底合不合适，还存在争议。

梁文道：知识分子对自己的东西持批判态度很正常。我在台湾长大，对台湾就有很多批判，反而内地很多文化人，像丹青老师对台湾的评价就比我们这种人要高。这部电影好玩在哪儿？它把两个时代“啪”地一下子接起来了，一个是今天年轻台湾人的哈日，一个是老一辈台湾人的怀旧。这种怀旧感很正常，以前我跟大陆朋友谈这个，很多人反应很大，说你们是不是怀念日本殖民帝国啊？其实不是的。如果你小时候住在一个地方，长大后再回去发现那里拆了、没了，你肯定也会开始怀念小时候的事儿，觉得童年真美好，这就是怀旧，对不对？今天很多台湾人怀的那个“旧”，不可避免的是当年遗存下来的嘛，比如街上的日式木头房子、小水沟什么的。

陈丹青：日本占领台湾整整五十年时间。

梁文道：对呀，它彻底改变了台湾，所以老人的怀旧是超越国家或民族大义的，就像在香港看到一些英国人留下的东西也会怀旧一样。怀旧的感情跟殖民无关，人们只是想到小时候的生活、童年的往事，而不会去想什么鸦片战争、甲午战争……

窦文涛：觉悟没那么高（笑）！

梁文道：根本不可能有这种觉悟！怀旧是人的本能，怎么会跟那些东西掺和在一起？这是第一。第二，今天台湾的年轻人很哈日——其实不只台湾，全东亚包括大陆年轻人也一样，受日本的美学和流行文化影响很大。这两个时代“啪”地一下子接起来，使这部电影的风格、画面有了两种味道，一种是现代日本社会的味道，比如日本的流行歌手；另一种是当年日本留下来的台湾本土味道。两者都让人觉得好像跟日本的关系挺密切。

真实历史是人性的历史

窦文涛：这片子讲当年日本占领台湾的时候，一个日本老师来台湾教书，爱上了他的女学生，可是日本战败后他走了，然后给这女学生写情书……这故事好像有意想避开政治嘛。

陈丹青：对历史的叙述，我们长久以来太习惯于大叙述了。其实历史是非常具体的，它在每个人那儿都是私人之忆，是活生生的，就是关于祖母的记忆、关于一条街的记忆。举些可能极端的例子，在我记忆中，（20世纪）90年代有一些电影反映在南非、北非或阿尔及利亚生活的英国、美国人，他们会反过来怀殖民时期的旧，而且怀得一塌糊涂。从我们的立场看，他们是殖民者，但殖民者也有私人记忆。如果一个日本人从小长在伪满洲国，一直长到将近十几二十岁才走，那他带走的不是伪满洲国的记忆，而是他青春、儿童、婴儿的记忆。所以当他在讲述伪满洲国的时候，你非要说他在谈政治，那就很荒唐，因为他想的其实就是小时候的那条弄堂。

窦文涛：就像你们知青回想起下乡岁月，也会有类似的感觉吧。

陈丹青：当然。

> 我在赣南山中的第一年即学会吃辣，剧烈的辣。农忙时节，田间的饭菜是每人带一小瓶炝熟的辣椒，拌着粗盐，连同密集的辣椒子，狼吞虎咽。知青的农事多是失败的，直到我离开那里，仍然只会栽种空心菜。空心菜不必照看，自会蔓延，肥料是我们自己的尿，提着尿桶在溪边兑了水，然后洒向菜园——不知是因为年轻还是饥饿，我们似乎每时每刻低头觅食，仿佛猪狗。赣南沙土适合种植山芋和花生，收获时，每个人掰断连根带泥的果实，大口啃着，生吃，满嘴辛涩的甘甜。邻家的猫被狗咬断一只耳朵，横在墙角，翌日死了。不记得谁剥了皮，由我拎着去小溪冲洗。溪流清澈湍急，一只剥了皮的猫，脑袋、爪子已被斩去……忽然我撒手，眼瞧血肉模糊的小兽尸出没清波，漂浮着，旋即被飞速奔临的草狗叼上溪岸，迟来的群狗，一拥而上。
>
> 仲夏抢收与冬末春节，一年两次，村民得以饱餐。呜呼！我至今不再尝到那来自泥土的鲜美：新割的稻米、池里的活鱼、才从菜园割取的菜蔬——洗过，碧青，热锅水沸，炉膛山柴爆响，烈焰熊熊——还有，清晨宰杀的猪！那猪，没命嘶叫，我亲眼瞧着几条壮汉怎样拦截，怎样对准喉头一刀刺入、退出，鲜血如注。当全

猪被滚水冲刷过，昂然倒挂，庖丁解牛也便如此吧：屠夫，一位沉默的中年人，温柔体贴，只轻轻一刀，缓缓顺下来，晶莹热烫的心、肝、腰、肠，蒙着如炊烟般青蓝的透明的膜，成堆坠落。当着围观的男女老少，屠夫于是一刀一刀分解、取出，秤和案板，就在边上。

——陈丹青《荒废集·幸亏年轻》

陈丹青： 最近我看报上说，要给司徒雷登恢复声誉，为他平反，让他入土为安。司徒雷登为什么这么爱中国？因为他爱他的童年记忆。还有个亨利·鲁斯，创办了《生活》杂志的美国媒体大亨，但他照样想念中国山东，因为他在那儿出生长大。他未必爱中国，但没有人不怀念自己的童年。如果你非要用意识形态、政治立场去评价一个人的所作所为，那你也不能排除人性。我记得有一次我从纽约坐飞机回来，坐在前面的是一位非常胖的白人妇女，她不断激动地回头要跟我讲话。原来她在上海虹口长大，“二战”后才回到美国，她是被虹口收留的犹太人，她的愿望就是哪天要到小时候长大的地方去看看。她说今天终于可以回上海了，很激动。她爱上海吗？NO！但她爱她的爸爸妈妈，她要找回同爸爸妈妈在一起的那段记忆。当然她未必能找到，但是类似这些故事让我相信这才是人性。只有这样，人性的历史才会出来，真的历史才会出来。

梁文道： 假如人们不满意这个电影片面地呈现了日踞风貌，也没关系。它的确有两面性，很复杂，不需要用一部电影完成所有叙述。

陈丹青： 如果你觉得还有一部分叙述没有出现，可以再拍一部电影。欧洲好就好在这里，关于“二战”它有太多不同的角度，原

司徒雷登（1876—1962），生于杭州一个美国传教士家庭，从小在中国长大，青年时代回美国读书，后来成为一名牧师。1905 年他回到中国，1919 年担任燕京大学第一任校长，把燕大从一所汲汲无名的小教会学校创建成为中国一流学府。日本侵华期间，司徒雷登被囚禁四年，战后被任命为美国驻华大使。1949 年离开后，因毛泽东那篇流传甚广的《别了，司徒雷登》而闻名。1962 年，司徒雷登在美国去世，遗嘱要求安葬在中国，与妻子“团聚”（司徒雷登的妻子艾琳 1926 年病逝于北京，安葬在燕京大学墓地）。2008 年 11 月 17 日，经过四十六年的漫长等待，美国华裔将军傅履仁终于部分完成了父亲傅泾波的遗愿，把司徒雷登的骨灰带回中国，安葬于杭州半山的安贤园墓地，墓碑上刻着寥寥数字：“司徒雷登，1876—1962，燕京大学首任校长。”

亨利 · 鲁斯（1898—1967），美国著名出版家，《时代》周刊创始人。生于山东蓬莱，父亲是来自美国宾夕法尼亚州的传教士。他会说英语之前，已经跟着一个中国奶妈学会了中国话。十五岁回到美国受教育，考入耶鲁大学，又到英国牛津大学深造。1922 年，创办《时代》周刊，其后又创办《财富》《生活》杂志，成为家喻户晓的媒体巨头。

以为二战差不多快被拍完了，结果很惊讶到了八九十年代，甚至到现在，还不断有二战电影被拍出来，而且越来越往私人记忆走。记得有一个叫 *Europa Europa* 的电影吗？

梁文道： 我知道，《欧罗巴欧罗巴》。

陈丹青： 多好的一部电影！我们从来没有这样的电影来回忆抗战。影片主角是一个小孩，德国兵都喜欢他，尤其是同性恋特别喜欢他，但是他不能脱裤子，一脱裤子就知道他受过割礼——他是一个犹太人。结果他凭这张脸，凭从小在德国长大的经历，居然活了下来。他也认同在二战中受到迫害的犹太人，可是他回忆的二战肯定和奥斯维辛集中营里的人不一样，但你不能说那就不是回忆。

窦文涛： 往往这些私人记忆特别感人，它跟人性是相通的。

陈丹青： 问题是只有艺术能做这件事，史书做不到，私人回忆可以做到一部分。电影最煽情，因为就是活生生的人！

太多私人记忆被湮灭

窦文涛： 丹青兄第一次去台湾有什么感觉？我想起我第一次去台湾的时候有种感觉，就是人与人之间聊的都是人之常情。

陈丹青： 我第一次去更别说了，那时候我已经三十八岁了，我爷爷我之前没见过。他看到我，先是寒暄“你几点到的”“咱们到哪儿喝杯水”“你快坐下来”之类的，忽然他自言自语了一句，解放军其实待我很好！我就纳闷，我们从来没见过面，为什么话头刚开

《欧罗巴欧罗巴》是波兰女导演阿格涅丝卡·霍兰执导的一部探讨犹太人身份的影片，1990 年上映。影片根据真实经历改编，和希特勒同一天生日的 13 岁德国犹太男孩 Solly 是希特勒青年队的队员，甚至还爱上了一个纯雅利安女孩，但犹太人的特殊标志——割礼，无时无刻不提醒着他的身份。从无所谓、迷茫到怨恨，战争让他承担了太多与年龄不相称的压力。最终，他依然认同了自己的民族，并在成年后毫不犹豫地为自己的儿子也实行了割礼。

始他就说这话？我相信，他并不是真正看到一个孙子来了，而是看到了“大陆人”的身份。他参加过淮海战役，然后做了战俘，逃到海南岛，后来再到台湾。此后，他的儿子在内地生了孙子，现在这个孙子站在他面前。其实我对他来说，即使是血亲，也是很生疏的，他更熟悉的是作为一种政治符号——至少他是这样一种感觉，我是淮海战役之后他面对的第一个大陆来的人。

当我在台中街头与八十二岁的亲爷爷手握臂抱搀他老人家进屋坐定——他妈的当时那感觉根本没法子写——我给他点一支烟，给自己点一支烟，俩老小对坐着哭也不是笑也不是，不知该说什么，电影里亲人相见泪眼凝视那是导演胡编。我只觉眼前分明是至亲的尊长，又是对着个陌生人，记得间歇叫得几声爷爷，无非说些初来乍到总得说的话。老人应着，沉吟着，并不看我，半晌，爷爷喉咙里总算说出成句的话：他不提他儿子即我的爹，也不问问守半辈子活寡才刚去世几个月的我奶奶，头几个字，我分明听得竟是“解放军”。

“解放军，”他一个字一个字平静徐缓地说道，“解放军待我，还是客气的，一般俘虏，兵，睡稻草，他们给我棉被，放我回去，还给银元。”

我搜索记忆，想起父亲说的往事：祖父时属黄百韬兵团，淮海战役初期——爷爷的“国军版”说法：“徐蚌会战”——尚未交火，即给解放军团团包围，不战而败，俘虏了，他瞒了军官的身份，又给放了。其间，时在上海念书的父亲曾收到祖父用铅笔写在草纸上的信。照爷爷现在的说法，解放军给他睡的棉被不睡稻草，知道他不是兵，怎么又放了呢。我就问，他好像说是那会儿愿留的留，愿走的走，整批的放人，他是瞒了几级被当成下级军官脱了身的。

——陈丹青《多余的素材·炎黄子孙》

窦文涛：你到台北见到的第一个政治符号是什么？

陈丹青：当然是青天白日旗，还有宪兵。那时候我就感到，我要面对的是两个台湾，一个是国民党的台湾，还有一个是日踞时代留下的台湾。大街小巷，尤其在台中或阿里山地区，就是一个迷你的日本。

窦文涛：日本味儿很浓。

陈丹青：很浓，但是当你真去日本，才发现台湾就是台湾。我看了《海角七号》后的感受是，我们有太多私人之忆被湮灭了，湮灭在哪儿？比如东北人对俄国人的记忆，有谁表现过？四川人和云南人对抗战临时政府的记忆表达过没有？肯定有很多恋爱，很多私生子，很多历史纠葛，很多没寄出也没收到的信……

梁文道：包括当年那些美军待过的地方。

陈丹青：美军更不用说了。在美国，我妈妈的老人院里有一个老太太，当年在武汉跟一个美军会计好了。当时她只有十九岁，那个会计二十一岁，两个人还有一张很大的彩色照片，她坐在美军吉普上，戴着船形帽，意气风发，单纯得要命，在那儿笑。后来大战结束，不久美军撤走了，他也走了。但他们有了一个女儿，这女儿跟我一样，是知青，长得完全像美国人。你想，当年这张脸在湖南农村要受多少委屈！“文革”以后，母女到了纽约，那个美国兵带着他现在的太太来认她们，把她们办出国来……当年，这样的夫妻不是一对两对，太多对了！

记忆是会报复的

窦文涛：命运啊！我想起一部纪录片里的话，说当年跑到台湾的一百五十万人，从伙夫一直到蒋介石，无一例外都是被命运带着走的人。

陈丹青：对啊！我记得台湾（20 世纪）六七十年代还很困难的时候，有不少女性——就是咱们现在说的“小姐”，跟外国人有了孩子。九十年代这些孩子长大了，差不多在十九岁到二十五岁之间，由他们的异国父母陪着到台湾来寻找生母。第一例来找的时候，没有人敢出来认，最后一个妇女站出来，承认“这就是我女儿”。镜头随着她们下飞机一直到派出所，那位女士来了，看到女儿抱头痛哭，可女儿高兴得要命，受外国教育长大的她并不伤感，欢天喜地地说：“我找到妈妈了，我终于找到妈妈了，你就是我妈妈！”那个娘却哭得死去活来！后来第二例、第三例、第四例都出来了。那才是真的历史！

梁文道：台湾很复杂的，跟大陆、跟日本、跟美国的关系都非常复杂。这里面有各种各样不同的人、各种各样不同的记忆，现在最大的问题是，我们越是用一个很主流的、很正统的东西去压抑这些东西，后遗症就越大。我小时候，台湾还处于两蒋统治年代，那时候提跟日本的关系绝对要受打压的，要“一面倒”地把过去日本统治的时期说得如何黑暗，国民党来了大家就过上好日子了，等。结果那些被压抑的个人之忆成了见不得光的档案，那些人就有了恨意，觉得对自己不公平。所以后来国民党下去，这些人上来，马上就反过来，说日本当年其实什么都很好！

陈丹青： 记忆是会报复的！

梁文道： 一报复就走向另一个极端。其实两岸都有这种问题，这种记忆你让它有个出口，反而不那么容易走极端，越是把个人记忆扭曲、变形，就越容易出问题。

窦文涛： 是啊，人之常情是不能抹杀的。

陈丹青： 这一类记忆通常都是委屈的记忆，越委屈的记忆越是不肯走的。

窦文涛： 你说到这些记忆时，会有委屈的感觉吗？

陈丹青： 不知为什么，我到纽约第一年就有这种感觉。我到Chinatown（中国城）去，想象中那里应该是广东人的天下。到了之后才发现那儿有一个中华工所——一个华侨组织，我还在那儿学过英文，里头挂了面台湾人做的旗子。你想，出去的华侨也得有个归属啊，就像现在一到了咱们的国庆，许多华侨会有游行什么的。1982年我去的时候，内地到美国的人还非常少，我是一月六号到的纽约。一月底正好碰上春节，Chinatown里欢天喜地，街上有鞭炮、锣鼓、舞狮之类。那么小的一个街区，人们转过来转过去，踩着雪，很快乐。但我突然悲从中来，特别难受，不停地流眼泪——我第一次有了种流亡的感觉。因为此前我理所当然是内地人，是中国人，但现在忽然发现，有这么一群人在这么远的一个城市里每年过春节、每年游行……说起来，在中国古典文学里这是老套路了，很简单，“烽火离乱”之类，《桃花扇》讲的全是这些事儿。

梁文道：最悲哀的就是这种流亡经验。还记得杜甫那首诗《江南逢李龟年》吗？“岐王宅里寻常见，崔九堂前几度闻。正是江南好风景，落花时节又逢君。”

绕不开的俄罗斯情结

窦文涛：承蒙丹青兄送我一本《华夏地理》，封面是他低头在托尔斯泰墓前凭吊的照片，拍得很美。

陈丹青：我不愿意上封面，但他们说文章标题是《托尔斯泰的故乡》，你又真的到了墓前，你得放上去。后来我看人还比较小，算了，就这样吧。

梁文道：托尔斯泰这个墓太牛了。

窦文涛：就是一片绿色的灌木。

梁文道：是草吗？

陈丹青：是一座生态墓，比桌子稍窄，不知用什么办法浇制成的，是我见过的最朴素的墓。我到彼得堡的时候，在一座修道院旁边见到一所著名的墓园，里面有柴可夫斯基的墓、鲁宾斯坦的墓、

2010年，陈丹青应《华夏地理》杂志邀请，前往俄罗斯，归来后写了题为《重归俄罗斯——通往文学故乡的旅程》的文章。图为陈丹青在托尔斯泰墓前凭吊。托尔斯泰在图拉市郊拥有一座巨大的庄园“亚斯纳亚·波利亚纳”，俄语意为“明亮的林中草地”。遵照其生前遗嘱，托翁死后被葬在庄园这片林中的空地上，周围没有碑石，没有雕像，没有殿堂。

穆索尔斯基的墓，那个时代最重要的文艺家的墓有二十多座。墓园里古树参天，跟我在德国、法国看到的公墓是一样的。这时我就想起，托尔斯泰的墓在他老家一片孤零零的树林里。后来我发现，他的墓之所以建得这么朴素，是他本人的意思。小时候，他听大人讲过一个神话，在那块草地上可以找到一根魔棍，当时他便说死了要葬在这儿。原本儿童时代的一个念头，结果八十多岁死了之后还真葬在了这里。

窦文涛：我看了你写的文章，发现你的精神还浸淫在托尔斯泰那个世界里，对俄罗斯的那种情结，说句不好听的，就是意淫俄罗斯嘛，哈哈哈！此情仍在，我的天！

陈丹青：我以为不在了，结果去了以后，还在（笑）。我们五十年代出生的这伙人都有俄罗斯情结，文道会不会觉得惊讶？

梁文道：没有。我从知识、理性上能够理解俄罗斯情结，但从感性上缺乏共情。我在台湾、香港也读过一些俄罗斯文学，只是俄罗斯跟这两地关系太远了，我们不熟悉。对我们来说，可以跟内地人心目中的俄罗斯相类比的，大概是美国和英国。比如说，托尔斯泰影响了你们的文学观、世界观，而海明威、福克纳影响了我们的世界观、文学观。

窦文涛：丹青兄，可是把托尔斯泰读了七遍的人！

陈丹青：没有七遍，是五遍。应该说我在我的同代人当中，算是比较早的洗掉俄罗斯情结的人。过去三十多年我哪个国家都想去，就是没有想到去俄罗斯。我在绘画上比较早地摆脱了俄罗斯的影响，反而受欧洲的影响更大。实际上，青少年时代我就跟俄罗斯那套开始告别了，告别以后去了美国，一下打开了眼界，再次想到俄罗斯的时候，已经是在一个更大的框架下去想了。但是这次去俄罗斯，我才发现那个情结仍在。目前我们能知道的关于俄罗斯的消息都是时事、政治、社会、民族的情况，我对这些不感兴趣，我感兴趣的是俄罗斯和西方到底是什么关系。我小时候一直误解俄罗斯就是西方，长大后，才明白俄罗斯是俄罗斯，西方是西方，欧洲是欧洲。

对俄罗斯的热情，冷却很久了。长住纽约，走访欧陆，到底使我渐入理智，回看俄罗斯。这些年几乎每岁去到西欧，去过，还想再去，可是老画友一拨拨结伴访俄，归来倾谈，我有心听着，并不热切地想去看看。叶利钦或普京的新俄消息多是政事，看了几部解体后的俄国电影，还是大好，而且大气，俄国佬究竟厉害。那部一以贯之的长镜头所拍摄的《俄罗斯方舟》最是回肠荡气，结尾，盛装的旧俄人群滔滔煌煌步出宫廷，忽然是彻骨寒冬，历史的长夜……“在俄国，俄国失去了俄国”，某日读到，自以为懂得了，然而电影、诗，以至文学，便是俄罗斯吗？我已学会审慎分辨：文艺归文艺，国家是国家。

起程前夜，自己也有点诧异：我将托尔斯泰七册长篇汉译本塞进行囊：高植翻译的四卷本《战争与和平》，周扬、谢素台合译的上下册《安娜·卡列尼娜》，汝龙翻译的《复活》。这些周正的汉译旧版在五十年代上市，1978年左右再版，沿袭早先的朴素版式。我买齐了，珍藏着，如今纸页苍黄，并排存放在我从纽约携回的小古董桌屉间。上一回重读，第四遍，及今快要十六七年了，时在四十岁；初读，那是太早了，十四五岁，“文革”期间。

出于难以申说的理由，中年后几乎丧失了阅读小说的兴味。十余次欧洲行，也从未携带某国文学的译本以助游兴。阅读托尔斯泰却是我耽溺的积习，为解说这积习，怕要写长长的论文。我只顾再三再四读，每次临到读完，竟起感伤：幸福完结了。欧美小说各有光华，不过哪里还能读到这般从容不迫、丰饶厚重的旧俄文学？普希金，那是另一位莫扎特；陀思妥耶夫斯基，没办法，我总难汇聚重读的勇气；唯托尔斯泰，今次我将第五遍钻进他的大部头吗？那存放旧俄小说的桌屉犹如老窖，久藏着，是留给自己老来的礼物，慢慢享受……阅读乃私人之事，论及文学，似乎仅托尔斯泰便足以赏我辽阔无边的文学版图。

——陈丹青《重归俄罗斯——通往文学故乡的旅程》

阿赫玛托娃故居感动了我

窦文涛：物是人非事事休，欲语泪先流啊。咱先不说托尔斯泰，讲讲女诗人阿赫玛托娃，这次你去了她的故居是吧。她的名字我听说过，但对她又完全一无所知。

陈丹青：我去了普希金的家，又去陀思妥耶夫斯基的家。我很害怕陀思妥耶夫斯基，没有重读过他。我觉得他让你很难堪，但他最厉害的就是这个，会触动每个人心理经验中最难堪、最不愿意去想的那部分。看了《卡拉马佐夫兄弟》《罪与罚》，你会很煎熬，尽管那是书里的事，但也让你变得煎熬。但是我到他的家一看，那是一个很殷实的中产阶级家庭，完全不像死刑犯、流放犯，更不像一个爱赌博的人，就是一个很亲爱的家庭。

窦文涛： 你说的这个家是已经像博物馆那样的故居吗？

陈丹青： 跟我去过的奥地利音乐家故居相比，俄国人的故居完全不一样，他们把所有故居布置得好像这家人还在过日子。餐桌上所有餐具都摆放着，书架、衣柜什么的都尽量保持原样。托尔斯泰的庄园和房子我都去了，但不管怎么样，他们是19世纪的人，跟我们是有隔阂的。

> 莫斯科托尔斯泰街的托尔斯泰故居，已看不出当年的格局了。木质的墙依然完整围合着他家的院子，临街就能望见树荫下那幢漆成黄绿色的单幢宅邸。进门向里望，比海顿、贝多芬故居的内院至少大十余倍，林木森森，几乎是座公园。面向林子留几排长木凳，一位年迈的园丁正给花丛浇水，水珠闪动着正午的阳光。林边浓荫下一座小小的有白色廊柱的房子，里面顶多几平米大，我猜托尔斯泰有时会独自躲在里面坐坐……
>
> 与维也纳几位音乐家几乎撤空的故居不同，这里放满主人和眷属的物件，所有摆设就像全家还在这里过日子——我走进19世纪里：迎向门洞的第一间是餐室，长长的餐桌排开二十多副盘碟，天顶垂下雕花的煤气吊灯；偏

房的钢琴和沙发上端挂着小画，儿童室临窗的小桌放着玩具、剪贴本、小画书、小圣像，孩子与保姆的小床被屏风隔开；每个窗户都可以看见院子里的碧树，宽厚的俄罗斯窗台搁着盆栽……

尽管他是贵族，尽管他所过的日子在他的阶级是俭朴的，但像这样的家居，即便在纽约的老牌的富贵人家里，也是一流的陈设，是我在欧美古董店看熟的风格与材质，虽说过时了，不再制作了，但是结实耐用，手工细巧，银器、铜器、细瓷、丝绒、精致的麻、皮面的精装本、好看的19世纪版画……豪华地朴素着，看过去安详而懂事，蕴蓄着那时代令人依恋的物质的体温。

——陈丹青《重归俄罗斯——通往文学故乡的旅程》

陈丹青：没想到，此行最令我感动的是阿赫玛托娃的家，她家在一个叫“喷泉屋”① 的地方，这个家我还是从以赛亚·伯林 ② 的传记里知道的。1946 年，以赛亚·伯林以英国大使身份，作为西方人第一个进入冷战时期的苏联。他最难忘的夜晚是跟阿赫玛托娃在我去到的那个房间里畅谈。虽然我完全不了解阿赫玛托娃，也没怎么念过她的诗，但去了以后才发现，这是一个感动我的故居，让我想起

① 即舍列梅捷夫宫，是一座古老的巴洛克式建筑，曾为俄罗斯上流社会的社交场所，现为音乐博物馆。宫殿的一角为阿赫玛托娃纪念馆。

② 以赛亚·伯林（Isaiah Berlin,1909—1997），英国哲学家、政治思想史家，二十世纪最著名的自由主义知识分子之一。生于俄国拉脱维亚一个犹太人家庭，1920年，随父母迁往英国，后入读牛津大学。二战期间，在纽约、华盛顿和莫斯科担任外交职务。1946年，重回牛津大学教授哲学课程，并转向思想史研究。著有《自由四论》《俄国思想家》《人性的曲木》等。

阿赫玛托娃·安娜·安德烈耶夫娜（1889—1966），俄罗斯文学史上最著名的女诗人之一，有“俄罗斯诗歌的月亮”之称。她出生于知识分子家庭，1910年与诗人古米廖夫结婚，与丈夫、曼德里施塔姆等人组建了俄罗斯“白银时代”著名的诗歌流派——“阿克梅派”。1912年，她的第一部诗集《黄昏》问世，此后陆续有诗集《念珠》《车前草》等出版。十月革命后，古米廖夫被处决，阿赫玛托娃受到牵连，很少发表诗作。30年代，她的儿子两次被捕，她依据亲身遭遇写下了一生最重要的组诗《安魂曲》，表达了一个母亲失去儿子的痛苦。二战后，她曾遭受不公正的批判，50年代后期得以恢复名誉。2004年，阿赫玛托娃的雕像在圣彼得堡大学落成。

“文革”时期那些高级知识分子赋闲被监管，在北京、上海都有这样的家，挺好的房子，西式的家具，有一种很忧郁，同时又很矜持、风雅的气氛。

窦文涛：你能闻到气氛?

陈丹青：对，感受到在这个屋子里生活的人。我想象不出托尔斯泰坐在沙发上的感觉，但我立刻能想到阿赫玛托娃在这房子里来回走动。为什么?我见过这样的人。我们小时候的长辈，那些六七十岁的人，比如傅雷，要是不自杀，也待在那样的房间里，满脑子西方记忆，但是已经中断了，后半生在一个阴暗屋子里很绝望地死去，看不到改革开放，也没看到苏联解体。阿赫玛托娃死于1966年，那年我十三岁了，我可以跟她衔接，同时分享她的经验。我在陀思妥耶夫斯基和普希金的家里无法分享经验，但在阿赫玛托娃家里，我可以分享。

梁文道：有一种时代的接近性。现在很多名人故居都变成博物馆了，我也去过很多，但不一定每个地方都能引起这种直接的感觉。

陈丹青：我到过鲁迅故居，却不能跟他分享，他是一个民国人。我也到过巴金、茅盾、丁玲的故居，觉得这些空间是可以分享的，我知道他们遭遇过什么事情，他们遭遇的时候就住在这间房子里。

1946年1月3日，自由主义思想家以赛亚·伯林(Isaiah Berlin)从英国来到圣彼得堡，寻找苏联女诗人安娜·阿赫玛托娃，他们在丰坦尼宫(Fontanny Dom)阿赫玛托娃的寓所谈了整整一夜。风华绝代的女诗人尽管比伯林大了20岁，尽管处在斯大林的严密监控下，尽管她的儿子被关进苏联的监狱，却仍然保持着高贵的气质和慑人的魅力，伯林称其为“悲剧女皇”。事后，伯林在回忆录中写道：“她有一个看得见庭院的小房间，空荡荡的，连窗帘都没有，只有一张小桌子，三四把椅子，一只木头箱，一个沙发，火炉上方是一张阿赫玛托娃的画像。”事实上，以赛亚·伯林当时肩负着英国首相丘吉尔的密令，来劝说阿赫玛托娃移居英国。那一夜他们谈文化和文化史，谈命运和命途多舛，也谈爱情和生命，当然更多是谈如何移居的问题。事后，阿赫玛托娃在诗里写道：“那一夜，没人敲我的门，只有镜子梦想着镜子，寂静守护着寂静，呵，一九四六年一月四日。”

这个民族猛得一塌糊涂

窦文涛：我也赶上苏联的尾巴，受过它的影响。我从他们的油画和诗歌里感受到那种苦难、忧郁、阴云密布的天空和荒野，同时又觉得这个民族很暴烈，甚至很粗犷，绑架人质，“咣咣咣”进去就打，动不动就上断头台。但听你这么一说，它又那么有文化，跟欧洲不一样。

梁文道：很不一样。

窦文涛：是个什么味道呢？

陈丹青：俄罗斯和东欧其他国家的感觉非常不同。按照我小时候的理解，它们都是前苏联阵营、华沙公约国家，感觉应该差不多。但当我去波兰、捷克、匈牙利这些地方的时候，才发现它们的城市景观、空气的味道跟俄罗斯截然不同。俄罗斯不像欧洲，俄罗斯比它们粗犷，比他们土，甚至那个粗犷还不能叫粗犷……

窦文涛：就是内心有一种类似精神病的感觉（笑）！

陈丹青：很准确。

窦文涛：比如伊凡杀子，我当时看这个故事的时候，感觉那个错乱啊，把自己儿子捅死了?！看着伊凡雷帝那个眼神，我就突然有一种感觉，这个民族，它不知道它自己冲动之下做了什么。

陈丹青：你的直觉非常对。我去了这么一趟，发现我没有办法说清楚俄罗斯到底是个怎样的国家。我自以为了解它，但等我去过之后，我说不出来它是怎样一个国家。俄罗斯非常土，甚至乡村部分有点儿接近中国，是最落后、最土的。但问题是你拿俄国去跟中国比，它又非常洋！像彼得大帝黄金时代那些文学家、艺术家，中国根本没有这么一个层面的人！中国没有陀思妥耶夫斯基，没有列宾，我们学苏联学了一场，什么也没学到。

窦文涛：我们几十年学苏联油画，没什么成就吗？还是没达到他们的水平？

陈丹青：NO！ NO！差太远了，根本不能比。中国仅仅是学了一张皮，这张皮现在的负面作用也大于它的好处。中国和俄罗斯其实是不该要好的，因为两个文明差异太大了。咱们是周秦唐宋一路过来的，而俄罗斯到十二三世纪还是蛮荒之地，直到 17 世纪末才开始玩彼得堡，玩通向西方的窗口。而集中出现的那代艺术家全都在 19 世纪，到现在一共也就一百来年，所以他们是到 19 世纪才进

伊凡四世是俄国历史上第一任沙皇，16 世纪俄罗斯的专制统治者。他生性残暴，十七岁时杀死握有实权的摄政王，自立为帝，并毫不留情地屠杀所有反对他的政敌，镇压叛乱，绞死主教，最终失手杀死自己的亲生儿子。但是从历史角度看，他在统一和治理国家等方面建立了卓越功勋。这个政权是建立在恐怖基础上的，所以世人称他为“伊凡雷帝”，即“恐怖的伊凡”。

画家列宾的《1581 年 11 月 16 日恐怖的伊凡和他的儿子》选择了这样一个场景：伊凡雷帝在一次与他儿子争执时，用手中的笏杖猛掷过去，不幸击中儿子的头部，鲜血如注……这一偶然的暴烈冲动致使后继者送命。伊凡顿悟这绝后的可怕举动，立刻上前搂抱住垂死的儿子，睁大恐怖、悔恨交加的双眼。他想求儿子饶恕，已无济于事，兽性和人性同时显示在伊凡的身上。

入他们的唐宋。这样两个国家怎么会好？我们是多么精明、世故、苟且、机巧的一个民族，已经聪明成精了。可俄罗斯还像你讲的，做什么，一拳头下去，血出来了，猛得一塌糊涂。

窦文涛：坦克直接开到红场去了呢！

像大自然一样只接受不抗拒

梁文道：波兰有个很有名的记者卡普钦斯基，写过一本好书——《帝国》。他是波兰人，纳粹时期出生，长大以后，苏联红军进来了，苏联在他心目中就是一个入侵他们帝国的形象。后来，他写了对整个帝国的回忆，有一段话很妙，他说对欧洲人来说，俄罗斯从来就是一个出暴君的国度，一想起东方的俄罗斯就是野蛮暴君的印象，每个人都被暴君奴役，这到底是怎么回事？他说坐一趟西伯利亚火车就懂了，他发现这个地方太让人绝望了，太大，而且每个地方都一模一样，永远重复！

陈丹青：冬天又漫长。

梁文道：气候严寒，所以活在这样土地上的人会有一种感觉，觉得国王或任何一种政治制度，就跟大自然一样，是你只能接受不能抗拒的。他这话说得很妙！欧洲人不会这样想，他们觉得世界是变化多样的。但俄罗斯人只能接受命运，沙皇是你的命运，斯大林是你的命运，就像冬天是你的命运，旷野是你的命运一样。

> 他说一月份的西伯利亚有着制服、压抑、震惊的特质，更重要的是它的巨大深远、无穷无尽，它海洋般的毫无界限——人类并不适用于这样无穷无尽的空间。他说由于这样的空间，要形容俄罗斯人的性格，最强大的一点就是他们顺从的特性。
>
> 他说如果事实上有国家个性这回事，那么俄罗斯的国家个性就表现在这句格言上："哦，人生就是这么一回事。"后来他比较两个在俄罗斯被流放的共产党员，一个是俄罗斯人，一个是澳洲来投奔革命的人；那个澳洲人老觉得他进了一个疯人院，什么事都没有道理；但那个俄罗斯人却觉得很自然，被人流放，被人整肃，全家被人侵袭，就像被大自然的力量压迫、淘汰一样。苏联就像西伯利亚一样自然、原始，如旷野一般，你无所逃于天地间。
>
> ——梁文道《开卷八分钟》谈《帝国》

窦文涛：咱中国人讲"穷则变，变则通，通则久"，不像他们，旷野的命运、冬天的命运、白昼的命运都无法改变。

陈丹青：白夜我这次真领教到了，晚上十点多钟还跟黄昏一样，非常明亮。

窦文涛：我上次去莫斯科没法儿睡觉，半夜十一二点天还亮着。

陈丹青：可是到冬天，下午三四点天就黑了，要到第二天将近十点天才亮。所以在这里生活很苦恼，每年俄罗斯死于醉酒的年轻人据说有四万到八万，醉倒在雪地上就冻死了。

窦文涛：前几年俄罗斯总统还说，俄罗斯要再这么喝下去，就是民族灾难了。我在莫斯科大街上就见过喝醉躺倒的人，好多人像油画里的人物，表情那个沉郁！那么个大胡子，半天沉默不语。你们说，他们是外向呢，还是内向？

陈丹青：内向，当然也会爆发。但总的感觉是，我到了这个国家才觉得，它一定会出那样的文学，漫长而厚重，要么婆婆妈妈，要么非常暴烈。19 世纪那几代人都活得非常精彩。

俄罗斯的西化比中国主动

窦文涛：那几代人你指的是贵族阶层？

陈丹青：文人，包括陀思妥耶夫斯基和阿赫玛托娃，他们都不是贵族。回到西化问题上说，俄罗斯用了三百年很认真地西化过来。跟咱们这一点是共同的，都从一个农业帝制国家转型过来。但问题是俄罗斯是主动的，彼得大帝绝对主动，而且有优势，离西方近，又是白种人，文化一搭就搭上了。俄罗斯的农业和医疗系统是德国那边的，文艺哲学是法国的，一部分也从英国学，还有很多画家终生待在意大利，所以俄罗斯是欧洲的。而中国的西化很被动，通过鸦片战争开始。中俄两国一度是共产国际的联盟，最难写的就是中俄关系这段纠葛，实际上这个纠葛今天还在。今天的年轻人对俄罗斯没感觉，也不想有感觉。当然肯定有喜欢俄罗斯文学和音乐的人，但绝大多数年轻人对俄罗斯不会很有兴趣。

旅游是异国想象的种种落实或颠覆。在西欧诸国，或熟悉，或陌生，触动连番的认同与惊异，于是拥抱历史，也被历史拥抱。在俄罗斯，这寻找与辨认却是茫然忧郁的，带几分可疑的苦甜：多少中国人流亡而来，光荣而侥幸，视莫斯科为革命圣地，终点站，寻求帮助，寄存性命：瞿秋白、蒋经国、毛岸英、张国焘、贺子珍……从南京政府或上海密室，从赣南或延安的穷愁沟壑，在被追捕与刑囚的万般惊惧中，忽然，他们被送到莫斯科——在千万条性命中有幸、有权被选送莫斯科——逃过一死，或在回国后死于非命。莫斯科圣心教堂的花园停着王明的墓，郭沫若1945年出版的《访苏记行》写到他与大革命失散后的李立三怎样在夜莫斯科街头长谈而握别——所有这些人一到莫斯科，都像我达到这里翌日醒来，被窗外刺目的苏维埃太阳照亮了。

——陈丹青《重归俄罗斯——通往文学故乡的旅程》

窦文涛：莫斯科给我的感觉是，这个国家气象大！好比咱们说新加坡是“花园城市”，我到莫斯科一看，哎哟，“森林城市”啊！好家伙！据说城市四分之三的面积都是森林！

陈丹青：我到托尔斯泰故居，每棵树就像长篇小说一样，那种规模感……

梁文道：一点儿都不是小巧的、雅致的、欧洲的感觉。

窦文涛：是不是还有一点，大家要干什么事情，也没什么包袱，要怎样就怎样?

陈丹青:年轻，太年轻了，就得付代价。苏联二战时期对人命的渺视真是千万人头落地[①]。

梁文道:斯大林的名言，死一个人是一个人，死几百万个人就是个数字。

窦文涛:不光是斯大林，包括以前的沙皇也是这种态度。

梁文道:你刚才讲树，我想起去俄罗斯的时候，那样大的树，我只在另一个地方——美国加州见过。有时候我就想，这两个冷战对手其实是很像的，都是年轻的国家，国土面积很大，旷野森林多，但怎么会跑出两种完全不同的灵魂?很奇怪。

陈丹青:美国文学也很厉害，而且美国文学受俄罗斯文学影响非常深。

窦文涛:他们都算地广人稀吧，我们就是人多……

① 据流行说法，苏联在二战期间共有2700万人死亡，其中1800多万为平民，几乎每个家庭都有人员伤亡。也有统计认为，实际死亡人数还要大于这个数字。

锵锵三人行 · 跟陈丹青聊天

消失在历史中的人

Chapter 3

一个大面积丧失常识的国度，最后就丧失常态了。

真是非常有意思，我们这个民族在过关，一关一关地过，遇到个事儿就过一关，讲道理不行，得有事儿发生。

我们今天的流氓也不像流氓了，以前的流氓也是整合进中国道德秩序里的，也有比如义气、路见不平拔刀相助这些观念在里头。

窦文涛：丹青兄和文道兄都是我的良师益友，文道最近出了本书——《常识》，我紧急恶补了一下，受益匪浅啊，文道这几年看了好些书。文道，不是我捧你的臭脚，你比我还小两岁，怎么这些年我觉得你一天天在进步，我一天天在退步啊！

梁文道：怎么会呢（笑）？你不是也老看书嘛。

窦文涛：我说真的呢，我能明显感到这种变化，最终我归结于你看书多。别的不说，光看读书速度，我一个月才看完一本，你一天就能看七八本，这也是种能力吧。

梁文道：是个习惯，反正我从小是有字的东西就看。印象特别深的是，刚买回第一台电脑的时候，我立刻拆了壳看说明书（笑）！这也是问题，太仰赖文字了！

窦文涛：对啊，有一次我上厕所，看见你在厕所里捡地上的纸条看呢，哈哈哈！

陈丹青：有点儿变态了（笑）。

碎片式的阅读经验

窦文涛：丹青兄可以讲讲你的阅读经验，老听你说视觉经验。

陈丹青：我没怎么看书，尤其是这些年，一个是没有时间，一个是我看书慢。你一个月看一本书，我一年还看不完一本书。我看书很老实，从头到尾一点一点地看。而且我有个很坏的习惯，只要这个展览有我的画，我就不好意思到这个展览去；回国以后，只要看到书店里有我的书，我就不好意思到书店去。

窦文涛：看到自己的书会觉得惭愧，我也有类似的体会，别看我当主持人，但在生活里如果成为别人观看的中心，我会觉得害臊。

梁文道：我看胡兰成写他以前在中学教书，老婆从乡下来看他，他觉得“惭愧”——写得很妙，给人一种好像他嫌弃乡下老婆的感觉。他说惭愧就像以前章回小说里写射箭，“啪”地一下射中靶心，惭愧！

> 我见玉凤来到，吃了一惊。学校里女同事与同事的夫人都摩登，玉凤却是山乡打扮，但我的惭愧倒不是因为虚荣势利。往年我在蕙兰中学读书时，一次父亲看我，我亦不喜。我见别的同学亦如此，逢有家里的人来，悄悄地接了东西，只愿他快走，有位姓于的同学，他父亲是杭州商界名人，来校里看他时，他一般亦面红耳赤。因为在世人前见着了亲人。又佛名经有善惭愧胜佛，中国旧小说里亦英雄上阵得了胜或此箭中了红心，每暗暗叫声惭愧，及元曲里谁人升了官或掘得宝藏，或巧遇匹配良缘，都说圣人可怜见或天可怜见，因为是当着世人看见了自己。现在我便像在深山里忽被谁叫了我的名字，我急急地到校门口去接玉凤，不敢高声张扬。我还比谁都更注意玉凤的姿貌与打扮。《红楼梦》里黛玉与众姐妹正说笑儿，偏是宝玉留

心，他使个眼色儿，黛玉便进去一回照照镜子，是鬓际松了。这就因为是自己人。

——胡兰成《今生今世》

陈丹青：讲得好，惭愧！我小时候看大家踢足球，拼命都想进球，可最后射门进的那个人总是低着头从里面跑出来，以为他装孙子，实际上他真的惭愧，但这个功是他立的。

窦文涛：我现在有个问题，觉得需要看、想看的书太多了。我买了一架子书，就活在书的包围之中，但实际上从来没看完过一本。在我家里，厕所、客厅随意放着七八本书，往往抓起一本翻到一个有兴趣的地方就看，根本不会从头开始看。像文道的《常识》就最适合我这种阅读了，一篇一篇文章汇集成编。丹青兄的《荒废集》也是一篇一篇的，适合翻着看。可是你说这么看下去，人的阅读经验会不会也变成拼贴的、零散的、混乱的？

梁文道：当然啊。

陈丹青：早就是了，西方二战前就这样了。其实自从有了现代印刷技术和传播技术，就已经这样了，只是晚了半个世纪才更明显。我相信，碎片式的读书是每个人的日常经验。

当年读书不自由

陈丹青：因为我经历过“文革”，那时候没有书，只有毛主席、马克思还有鲁迅的书。抄家的时候，那些所谓世界名著，英国、俄国、法国的小说都流到红卫兵和街巷的孩子那儿去了。我们那时候互相交往只有一件事——借书和还书。后来到美国，看到很多以前没看过的书。但是四十岁以后一直到现在，我最沮丧的事就是看了书会忘，偶尔天助我也，写到什么也会忽然想起很久以前在哪本书上看过。我不太在乎看书多，我在乎看的遍数多，现在可能很少有人喜欢重复看一本书，我喜欢。

窦文涛：红宝书要重复着看（笑）！

陈丹青：一本真正的好书，你在不同的年龄去看，会发现不同的滋味。

窦文涛：文道，你在台湾受教育，又是香港人，你读书的经验是什么样的？

梁文道：我小时候台湾还处于戒严时期，很多书是看不到的，鲁迅的书完全看不到，我们都看胡适。长大后回到香港，中学时候恶补，拼命去看鲁迅、沈从文、巴金、郭沫若、老舍、茅盾这些，当然也看毛泽东。

窦文涛：正好跟我们相反嘛。

梁文道：是啊，我看这些书的时候真是很震撼，因为小时候在台湾很反叛，对很多东西不满，比如身边的环境、学校的体制之类。后来看到《丑陋的中国人》，那些不满就上升到了一个更高的层次，然后赶快找李敖被禁掉的书看。可是等我到了香港，还是感觉震撼，觉得自己以前被蒙蔽得好厉害！

窦文涛：我们也有同样的感觉啊。

梁文道： 讲个经典的故事。我初三的时候学地理，那时候台湾教地理是把中国分成三十六省来教的，还是 1949 年以前那一套，而且说到中国第一大湖，课本上写的是“洞庭湖”。当时老师跟我们说，其实根据现在的资料，第一大湖应该是“鄱阳湖”才对。那为什么我们书上写“鄱阳湖”？考试答哪个才对？老师说当然是“洞庭湖”啊，因为“鄱阳湖是第一大湖”这个资料是 1949 年以后“共匪”揭露的，而“共匪”说的一切我们又不能相信。连一个地理事实都能这么搞，你想想看（笑）！

窦文涛： 当年《读书》杂志提了个挺好的说法——“阅读自由”，至少要有阅读的自由嘛。我小时候读了我妈工厂一个小图书室的书，可那些大部分是什么书呢？《敌后武工队》……

陈丹青：《金光大道》。

窦文涛：《红旗谱》《创业史》《林海雪原》……

陈丹青：《欧阳海之歌》。

窦文涛： 再有就是《水浒传》《红楼梦》，还有鲁迅。后来看到周作人、胡兰成、张爱玲，也有点儿文道那种感觉。

漂亮话太好说了

窦文涛： 我想问丹青兄，你是什么时候接触到胡兰成等人的作品的？

陈丹青： 1984年。

窦文涛： 这么早啊。

陈丹青： 1984年或者再晚一年，就是阿城到美国那年。好像朱天文送了他一本日本版的《今生今世》，他就留在我这儿，然后我就看，一口气看下来非常惊讶，怎么还有这么一个人？

窦文涛： 惊为天人的感觉。

陈丹青：《今生今世》我看了三四遍。

窦文涛： 有人说你受胡兰成影响挺大，我在你书里也注意到一个有点儿敏感的观点，就是说今天我们一方面允许读周作人、胡兰成的书，但另一方面也还认为他们是汉奸文人。你认为今天的人没有身处当时那个时代环境，骂起人来当然很容易。

陈丹青： 对，非常轻佻。

> 要晓得张爱玲，只有读胡兰成。并非她是他的妻。多少恩爱一世的男女晚岁追记亡夫亡妇，也是读来乏味，以致不堪；而胡兰成与张爱玲相处不过数年，其间，其后，胡兰成即另有爱人，不止一位，都在回忆中详细交代着。可是胡兰成说他一生只给四个人“敬一炷香”，其中唯张爱玲是女子；也并不是因为她是他的妻，而是“爱玲开了我的聪明”。
>
> 是这样的，有才能的人，在有才能的人面前看见了自己的才能。
>
> ——陈丹青《多余的素材 · 胡兰成》

《敌后武工队》《金光大道》《红旗谱》《创业史》《林海雪原》《欧阳海之歌》等书是当年流行的“红色经典”。

鲁迅不是神，周作人也不是鬼。周作人曾在早年说，自己心中有一个“绅士鬼”，一个“流氓鬼”，这是文学的说法，修辞的巧妙，我们就此说周作人是鬼，那是不懂修辞，不懂文学，别说当不成绅士，恐怕还不如流氓，中国从前的流氓，有性情，会说话，用词很别致。如果因为周作人当过汉奸，就说他是鬼，更不应该。你是陈独秀，是胡适，是周作人的同辈，你或许有资格骂他一句，贬他一贬，到了我们这一代，有什么资格呢？我不认为我有资格责难前辈，看不出我们有什么道德的高度可以遥远地责难一位五四时期的文人——那是多么轻佻的道德姿态。

——陈丹青《荒废集·民国的文人》

窦文涛：为什么用“轻佻”这个词？

陈丹青：因为漂亮话太好说了！我们祖父辈的人，在那个环境下作了一个选择或者说了一句什么话，但你不知道那个时代如何，你不在那个境况当中，你怎么能说三道四呢。

窦文涛：意思是，如果是他们同时代的人，比如胡适批评他们还可以理解，是吧。

陈丹青：对！我回国后看到一本书《周作人传》，蛮有意思。这个作者写周作人当年留在北京将要做汉奸的时候，风声传出去，左翼、右翼、中流的人全写信给他，在报上发表，最有名的是胡适从美国寄了首诗回来。他们用各种委婉的话告诉周作人，这件事情不能做，要警惕，不要跨过去。作者说，那在当时是一个非常难得的表态机会，每个人通过劝周作人不要做汉奸这个行为，证明自己在

1946年抗战胜利后，周作人因“共同通谋敌国、图谋反抗本国”被国民党“首都高等法院”判处有期徒刑14年，剥夺公权10年，没收全部财产。一审判决后周作人不服，上述“最高法院”。1947年年底，“最高法院”撤销原判决，改判有期徒刑10年，剥夺公权10年，没收全部财产。1949年1月，周作人从著名的南京老虎桥监狱提前释放，1967年病逝于北京。图为1946年，被押赴法庭的周作人。

道德上的高度，他们的姿态别有意思在，不光针对老周，他们是为了他们自己……我觉得这个作者的角度很有意思，但从另一个层面说，当年有那么多人劝他，他就是不听，可见他有多反动、多顽固。

梁文道：而且都是公开信。

陈丹青：对，其实他们就是说，哥们儿，我表过这个态了（笑）!

1938年8月，身在英国伦敦的胡适写了一首诗寄给沦陷在北平城的好友周作人，劝他赶快南下，离开是非之地。诗的题目为《寄给在北平的一个朋友》。

藏晖先生昨夜作一梦，
梦见苦雨斋中吃茶的老僧。
忽然放下茶盅出门去，
飘萧一仗天南行。
天南碗里岂不太辛苦？
只为智者识得重与轻。
醒来我自披衣开窗坐，
谁人知我此时一点相思情？

周作人的回信也是一首诗，诗中委婉但是明确地表示不肯离开北京，理由是家庭琐碎、已失颜面。

老僧假装好吃苦茶，
实在的情形还是苦雨，

近来屋漏地上又浸水，
结果只好改号苦住。
夜间想起蒲团想睡觉，
忽然接到远方一封信。
海天万里八行诗，
多谢藏晖居士的问讯。
我谢谢你很厚的情意，
只可惜我行脚不能做，
并不是出了家地特忙，
因为庵里住的好些老少，
我还只能关门敲木鱼念经。
老僧始终只能是老僧，
希望将来见得居士的面。

1949年春，胡适到上海，周作人也在上海，两人却不曾见面。据周作人后来回忆，他听说胡适要逃去美国，还曾托人劝留胡适。然而，胡适也像他当年一样，心意已定。

大面积丧失常识

窦文涛：今天大家议论社会道德败坏沦丧的现象，觉得就是因为像这种出来表达意见的正义之士太少了，社会道德标杆才会降低。

梁文道：不，我不完全赞同。举个例子，汶川地震中的范美忠事件，一边人骂他懦弱、胆小，另一边人说他了不起，是自由主义的代表。其实这事儿要以平常心看很正常，就是一个人逃生嘛……

陈丹青：不仅是逃生问题，而是他说出来了。

梁文道：我觉得每个人在批判他之前应该想想自己会怎么样，人都有懦弱的一面，这很平常。不是说我们不应该讲道德，恰恰相反，要讲；但我们现在一讲道德就拿出一个英雄的道德来，而不是一个平常人的道德。许多人一说到"范跑跑"，就列举出一大堆殉难的英雄，说你看人家怎样怎样。

陈丹青：说得人家像花儿一样。

梁文道：这叫"道德打榜"。

陈丹青：我们从小接受的教育是叫你去死，有一块木头漂走了，你跳下去救这块木头，你死了，你就成了个人物。

梁文道：问题是大部分人不可能做到那样。照我说，范老师的事就很平常嘛。

陈丹青：可以说是常识。不过，一个大面积丧失常识的国度，最后就丧失常态了。其实救人是非常态，而逃生是常态，但逃了就逃了，你也不要大声嚷嚷啊——这也是非常态，用北京话说就是"拧巴"了。在美国或者日本很难会有这样的争论，谁会去指责一个逃生的人？哪个逃生的人又会大叫"我有理由，我没错"？但不管怎么样，"拧巴"也挺好，一路"拧巴"下来，《南方周末》把他列为"年度人物"了。真是非常有意思，我们这个民族在过关，一关一关地过，遇到个事儿就过一关，讲道理不行，得有事儿发生。你看地震发生了，"范跑跑"出来了，争论也就出来了。至少大家达成一个共识——

这件事是可以讨论的。包括前一阵子木子美、芙蓉姐姐，这些事情之所以引起社会议论，其实就是咱们还没过“常识”这一关，也没过“常态”关，要“拧巴”好一阵子。

窦文涛：还真是这么回事儿！每个时间点上我们都在“拧巴”，那我们的路在哪里？也许过个几年蓦然回首一看，这拧巴拧巴弯弯曲曲就是你的路。

陈丹青：对，再过三十年，“范跑跑”还是个事儿？

梁文道：就觉得很可笑了。

窦文涛：咱得拧巴拧巴才能找回常识。

陈丹青：要有一点儿大同情！

窦文涛：说到大同情，有人说这个社会缺乏同情心，丹青兄怎么看？

陈丹青：我不会用这种方式去表达，我不喜欢用大字眼，包括“道德”、“自由”、“民主”。反正我说话、写字尽量少用这种词儿，我不会一句话扔到那儿，说今天的社会道德沦丧。NO！很多被看成道德沦丧的事其实正是道德在慢慢校正，我们在日常生活中对道德的看法慢慢在改善。

中国的事情，我只有一个最低要求：让它发生。别管是对是错。现在刚发生一点事情，唾沫星子就来了，要抵制了，你去抵制吧，没用的。

有道德的卫道士，也有学问的卫道士，所有卫道士我都讨厌。

——陈丹青

窦文涛：可能慢慢酝酿出新的共识、常识。

陈丹青：你不能想象二三十年前会有“范跑跑”这样的例子。在我们的主流媒体上能够给他一个位置，能够记得有过这么一件事儿，这个我很在乎。但他是不是“道德”，我不会用这个词儿。

窦文涛：文道也是这种想法。他是香港人，他说内地的很多讨论，为什么一个很具体的选择比如喝咖啡还是喝茶，最后竟然演变成爱不爱国的讨论。喝咖啡就是喝咖啡嘛，跟爱国有什么关系？为什么要上升到一个抽象的哲学高度？

梁文道：很多人一说话就喜欢讲本质，我就想，本质是个什么东西？

窦文涛：中国人就喜欢这么讲，都很哲学（笑）。

眼睛比头脑会选择

窦文涛：我发现跟文人交朋友，阅读太有关系了；跟画家交朋友，你看到什么影响很大。

陈丹青：其实人的眼睛自己会选择，有时候不是头脑而是眼睛在选择。包括记忆也是如此，眼睛它饿，它要找当食的东西，找得不对它会拒绝，找对了它立刻就满足。比如回老家的时候，你看到的风物跟任何地方可能没有两样，但等你看到一张故人的脸，你的眼睛会通知你，你回来了，童年全部回来了！所以视觉不是所谓审美、美术这些，眼睛的判断有时候比脑子还快，而且比脑子准确。

窦文涛：像你书里写的一段，都快成京城逸事了！你说在机场看见一个美女的背影，你的眼睛马上就选择了。然后坐飞机正好坐她旁边，你趁着美女睡着，画人家速写。

我是画画的，眼贼，去年从上海飞北京，一眼瞧见队伍最前面正在签票的女子，美人！后侧面那么好看，简直是“专业”美人！她掉头走了。走了，我就忘了。

我经常迟到，好几次是广播播音找我，连名带姓。那次我也是最后进机舱的人。坐满了，一眼看见她——不是我在找她：这样的美人，怎会不看见呢。美术馆最好的画，老远勾你目光——我一排排对座号，居然就在她身边：我靠走廊，她居中，靠窗是一位小女孩。看见正面了！形太准了，眉眼鼻梁，笔笔中锋，像王羲之的字。王羲之的字，极姿媚的。

……

我很想画身边这位美人，跟她讲话，但此时此刻我知道什么都不会做，还不如没艳遇。

起飞了。她开始睡觉，身子弯下去，头发垂落，挡住脸面。空姐送茶水了，我替她攒在我的小桌面上，伺机递给她，光是递递也风流啊——我插队时有个哥们儿，打起人来拳脚忒狠，可是他常到县汽车站守候下车的女生，抢着给人扛行李——我也不过如此伎俩。

可是没得逞。她全程熟睡，根本没喝水，也不注意水杯。她偶尔起身朝椅背后仰，中国人很少侧面会这么标致——我到底还是扭头看了，真是惊艳！摸出一支圆珠笔，一个信封，反面是白的，我飞快勾勒，飞机轻微颠簸，线条也颠簸。还像。我记得偷看周围有没有人注意，简直是作案。

完了。北京到了。艳遇结束了。飞机停稳，灯光大亮，我起身让她出来，活活看她走掉，一句话没讲。她标致到那样，自己知道，埋头走开。

下一次坐飞机，放个什么电影，香港片。她演皇后，绫罗绸缎，嗔怒着——哦，难怪，她是演员。过一阵，报摊上一本彩色杂志封面，又是她，查对名字：范冰冰，那位邻座睡美人。

——陈丹青《荒废集 · 艳遇与我擦肩而过》

陈丹青：这有一张鲁迅的公子周海婴先生在 1949 年到 1950 年之间，在上海弄堂里拍的照片，他当时住淮海坊。我看到这些人的样子很亲切，我小时候弄堂里还有这样的人，卖小吃的，非常贫贱，同时非常快乐；很戏谑，喜欢开玩笑，喜欢做鬼脸，一个快乐的穷人。我们小时候经常见到快乐的穷人，可是现在看到穷人会难受，那种快乐的穷人消失了。他们不开心，穷加上不开心，这是很糟糕的事。下一张是摄影师陆元敏摄的，他得过沙飞摄影奖，是一个虔诚、自省的人，80 年代以来默默拍摄了很多上海被遗忘的、非常幽密的角落。这张照片叫《住在老洋房的上海人》，我看过大量

一位卖熟食的小贩，右手挎着食盒，左手伸展开来做摆动状，神态怡然自足，让任何人见了都羡慕。陈丹青在照片下面注曰："快乐而贫贱，往来弄堂的一位卖熟食的小贩。周海婴摄于 1949 年。"

上海摄影家陆元敏作品。题目是《住在老洋房的上海人》。陈丹青如此评价"自 50 年代迄今有关上海的摄影中，这是我所见过最为良善、深沉而准确的作品"。

关于上海的照片，但只有他的照片有上海的灵魂在里面，你无法形容。

> 同一座城市，同样的市民，在布列松那里，我们看见时代崩解，政权的胜败；在周海婴那里，生活之流并未切断，战时的纷乱过去了，日后的政治严寒尚未到来，民国的上海，风神如昔。甚至在我60年代的童年记忆中，海婴拍摄的人物与弄堂，几乎未变：街坊邻居住满老上海市民，彩车上的肌肉男仍是游行队伍的看点，被路人围观仰望，殷实家庭的琐碎讲究和婚宴扮相残存着民国的余绪，宗教仪式已被禁止，我不记得儿时见过牧师与信众出入教堂，但始于1959年的饥荒年代，我家弄堂口也常坐着来自皖北饿乡的乞丐……只消略一翻阅《老照片》系列，不算清末民初那一段，中国无数照片中人文样貌所呈示的裂变，始于1966年……
>
> ——陈丹青《谈周海婴摄影》

梁文道：这些照片最动人的地方不是他拍到了这种人，而是他的拍法，拍出了那种精神。上海的灵魂到底是什么？听起来很抽象，但是看这个照片，我们能够想象，一个典型的北方家庭绝对不会被拍成这样。

窦文涛：不会，我们家就不是那样。我一看这些照片，更理解为什么咱北方人一直觉得上海人跟中国别的地方人好像不是一种人。

陈丹青：上海是最现代化的一个城市，它有一个愿望，要活得像西方人、现代人一样，然后它开始进入这个排练，从开始有上海一直排练到1949年。之后上海就跟其他城市一样，进入一个大规模的乡村化的过程。到1960年，整个资产阶级瓦解了。“文革”刚结束的时候，上海大量资产阶级的第一步动作就是离开上海到香港去，之后慢慢到了美国、日本、澳大利亚这些地方。所以当我（上世纪）90年代再回到上海的时候，发现这些人消失了，至少在街上不容易看见了。

被边缘化的工人群体

窦文涛：这是中国现代化的问题。现代化了，谁也没有理由说不让我过好日子。我记得你讲到一种表情，比如纽约人坐飞机的时候，往往是面无表情的。

陈丹青：飞机场是飞机场的事。飞行在中国还刚开始，最多十来年工夫，所以飞机场还是一个兴奋点。在西方，飞行生活已经至少有五十年历史了，所以他会漠然，会视之当然。我今天要办事，飞机就是一个交通工具。中国人还有兴奋感，我很高兴看见这种兴奋感，因为再过几十年，它也会消失，会跟西方人的表情一样。

在美国，飞机叫做“空中巴士”，乘客行李很少，穿着体面，脸上是一种长期习惯飞机生活的“无表情”。中国挤公共汽车那份混乱，现在还这样，争先恐后，全是表情。

近六七年，飞行开始大规模进入中国公众生活，每到机场我就看人，你瞧，不少女人，尤其是年轻女子，穿得像去开Party。穿西装的地方老板或官员，显然兴奋，郑重其事，上下飞机，不停打手机：“我在候机室呢！马上登机了！挂了！”明明通话内容跟飞行无关，可是要来点明他在飞机场。

火车高级软卧车厢也能看这种自觉的优越感，装得无所谓，但是对自己很满意。这种表情很有意思。中国人整体生活已经进入消费时代，但“表情”还属于前消费时代，还在兴奋期。可别太快弄得像西方人一样，一脸冷漠，一脸的无表情。所谓消费时代的脸，在西方是集体表情：他们知道这一切意味着什么代价——孤单、恐惧、疏离、死亡。有了飞行，就有空难，西方人蛮看破的。看破了，于是出现集体表情。西方人面临突发灾难，比中国人镇静、理性。“9·11”那天头一幢楼出事，千百员工下楼撤离就跟排队进电影院似的，不抢、不慌、不失态。

他们早就在这个文明中，看破它的好处，看破它的可怕。

——陈丹青《荒废集·我永远被起飞吸引》

窦文涛：那跟你记忆中相比，现在上海人的表情有什么变化？

陈丹青：太大变化了！我发现有两种人消失了，一个是帝国主义分子消失了，比如银行家或者保险家，包括他们的买办，1949 年以后就消失了；另一个是上海的工人消失了，我再也看不到上海的工人，或者他们变了样子，或者到郊外去了，而我小时候，上海工人阶级是很主要的一个群体。

窦文涛：那是什么造型？什么样子？

陈丹青：非常“阳气”。我亲眼看着上海工人造反，王洪文那批人怎么到文化广场开会，开完会怎么光着膀子大冬天提着几十面鼓到安亭去卧轨抗议。后来出现王洪文北上的事，因为他背后有一个庞大的工人阶级，而且被认为是全中国最先进、最成熟的一个群体。现在呢，用马克思的话解释，这个阶级在上海消失了……我小时候在弄堂里看到的工人是被尊敬的人，他们样子生得很好，很厚重，很有主张，经常断个是非什么的。

窦文涛：我小时候也有“工人阶级有力量”的感觉。

梁文道：民国时期工人阶级很多，上海向来是东亚地区工人运动的重镇。1949 年新中国成立后，工人阶级就更厉害了，成了国家的主人。

陈丹青：他们是有政治地位的。

梁文道：而现在的消失是在全国消失。现在广东、浙江有那么多工人，但我们今天已经不再讲工人阶级，换了个名字——“民工”、“打工仔”、“打工妹”。

陈丹青：我相信工人一定还在，东北的吉林、辽宁还有那么多钢铁厂，那么多制造业，工人肯定还在。但在上海，当年那些工人、工人宿舍、工人家属、工人俱乐部，种种跟工人有关的生态差不多已经消失了，或者很边缘了。

梁文道：“工人阶级”这个概念本身还包括一个主从关系。过去一讲“工人阶级”，就觉得非常光荣，值得尊重，是国家的主人翁，很有尊严。今天整个主题变了，他们成了帮别人打工的人，老板是主人，他们不是主人了。

陈丹青：他们成了被边缘化的一个群体。

窦文涛：那你在纽约看到的美国工人阶级也“阳气”吗？

陈丹青：在纽约你看到那些修马路的工人、盖大楼的工人，就像马克思说的工人一样，有的很有主见，长得像教授一样；有的膀大腰圆，总之是身心健康的一个群体，同时也是很稳定的阶级。他们得养家糊口，他们也罢工，可是工作的时候就很认真、很准确、很有效率。现在，我们各行各业都不像各行各业，各行各业的模样、气质在中国特别模糊，只塑造出了一种气质，文人不像文人，武人不像武人。

窦文涛：没样子了。

> 所谓人文素质，不完全是学问高低，所谓宗法教育，深深影响某一个人或某一群人的行为、举止、谈吐、魅力，甚至相貌。然而“素质”无可量化，难以指陈，它是时代、阶级、文化、家教等等在一个人、一代人身上的总和。我甚至感叹于老照片中的临刑罪犯，也比今日的罪犯更见气质。
>
> ——陈丹青《退步集续编 · 艺术学院与艺术教育》

上海的流氓消失了

陈丹青：说到消失的人群，上海的流氓也消失了。

窦文涛：啊？流氓消失了，你很遗憾？

陈丹青：不能说遗憾，因为我没有见过大流氓（笑）。

窦文涛：杜月笙，呵呵。

陈丹青：我长大的时候，大流氓已经没有了，到处都是小流氓。小流氓等而下之就是无赖、痞子，打架、偷东西、闹事，这是一种；还有一种是讲义气，帮人，出了事我们得去找谁摆平！这种人没有了，绝对没有了，以前在每一个弄堂、每一个区里都有这样的人，他们打扮得干干净净，从来没有动手打过人，但周围人闹出点事，要靠他们来摆平：小菜场的事、男女之间的事、小孩儿的事、邻居街坊的事。他们有流氓性格，能摆平事情，富有正义感。

打架，劝架，耍赖，斗智，说笑话，讲道理，阿华样样精通，他早岁失怙上孝敬老母下扶助幼弟，家里一套社会上一套单位里一套他都做得来畅晓条达，上海是叫做桥归桥路归路动兜得转吃得开头脑光清动作清爽。论年纪，他还算不上旧社会过来的上海滩上“老侠客”，老侠客的做

杜月笙（1888—1951），原名月生，后由国学大师章太炎建议，改名镛，号月笙（典出《周礼·大司乐疏》：东方之乐谓之笙，西方之乐谓之镛）。杜月笙有“三百年帮会第一人”、“上海皇帝”之称。他从一个小瘪三混进十里洋场，成为上海最大的黑帮帮主，涉足娱乐、文化、教育、金融、新闻各个行业，出入黑道、红道，游刃于政商、两界，成为上海滩最富传奇色彩的人物。

人与美学他却是天生有样学样：卖相要潇洒，做事要漂亮，新社会里照样玲珑八面我行我素，去新疆去内地去农村他一次次躲掉，与里弄单位层层周旋他花招百出，有一夜初雪纷纷景贤路小帮会澡堂子堂里堂外一群少年恶客寻仇而来一触即发，我眼瞧阿华不动声色兜了几圈摆平一场几乎动刀子见血的斗殴，事后数落哪拨人是哪条来路其实谁和谁根本不认识谁跟谁早就串通好幸亏当中来了谁谁又正好没有来等等，他讲得是行云流水鞭辟入里，若用在黄金荣杜月笙吴四宝门下阿华绝对是好汉一条，真真可惜了。

——陈丹青《多余的素材·我的第一次油画肖像写生》

梁文道：类似这种人以前中国到处都是，尤其南方广东一带。你不能用今天所谓的“黑社会”这个概念来形容他。

陈丹青：不是这概念，他就愿意出来仗义，有事儿他扛着。

梁文道：有时候，他或许会做一些我们今天觉得很黑暗、很流氓的事，但传统道德告诉这种人，碰到读书人之类的你要尊敬，看到老人摔在路上你要扶起——他有这种观念。我们今天的流氓也不像流氓了，以前的流氓也是整合进中国道德秩序里的，也有比如义气、路见不平拔刀相助这些观念在里头。

陈丹青：他有底线。

梁文道：今天那些所谓黑社会性质的组织团伙没这些。

窦文涛：所以说各行各业都需要加强职业道德建设嘛，哈哈哈。丹青兄，你说规矩对人际关系起到什么作用？

陈丹青：规矩就是大家留条退路，大家都有面子，是尊敬对方，也是自尊。用现在的话说就是，你得有个底线，你不能太过分了。

窦文涛： 我看你书里说接触到台湾很多朋友，包括文艺界一些人，他们也许会有观点的分歧，但表面看上去却是一团和气。我的感觉也是这样，我碰到的一些台湾朋友跟我们大陆人不大一样。

陈丹青： 这是有教养。记得我小时候带同学到家里玩，走后大人说，你今天带来的这个同学蛮有教养，或者那个同学怎么一点儿都没教养。“没有家教”这句话以前常常挂在嘴上，现在不常听到了。

梁文道： “家教”这个词在台湾倒是很流行，从小就听父母训孩子，“你这样出去，人家就说你没家教！”

> 台湾人情好，我早就领教的，但那时定居纽约，不以为珍贵，而今居住北京近八年，忽然置身台北，可就处处看得稀罕，然而难描述。譬如“文学营”的主办方的迎送招待，全程没有差错延误，没有横生枝节，内地做不到这般周详与准确；又譬如宾馆服务敬业到令你诧异，每个服务生会一再提醒你有访客的留言，额外的请求俱可商量，交代的小事，绝对准时照办；去隔壁连锁店买个卤蛋，摸出一把硬币，掌柜的看我裤袋里零钱太重，不吱声，迅速数过，换给你整数纸币；在故宫买画册，台币不够，人民币能用吗？——台北尚未如香港那样通用人民币——营业员稍有迟疑，进去问过，欢天喜地回说可以，倒好像是她的麻烦，解决了，比我还要宽慰……礼貌、笑容、抱歉、

连声谢谢，都不在话下，办各种琐事，没一次落空、尴尬、被拒绝。我本能预备遭遇粗暴的态度，冷漠的脸，僵硬荒谬的机制，穷凶极恶的生意经，还有，种种零星小节的不专业，不认真，权责不清，或心不在焉——那是我在北京随时随地的日常经验——走在这样的人丛中，我发现只有我自己时或粗心、急躁，在绿灯闪亮前跨越横道线，因为我已像久在此案的人一样，惯于粗粝的生活，嫌种种礼教与自我克制，太麻烦。

连日会面的新朋旧友则另是一番温良与教养：非常地想要见见，但必定问清你的安排，不使勉强或为难；席间随口应许的事，我倒忘了，不在意，翌日却已悄然办妥，如变戏法一般；谈话间难免涉及人事作品的议论，抑扬有度，不夸张，不渲染，总留三分余地，说是世故，却世故得自然而斯文，一点不是勉强，显然从来如此。通常，台湾对远来的客人大抵格外客气，格外热忱，我的留心观察却并非人家怎样待我，而是人家怎样对待彼此，这一看，我随时随处目击的人情，实在并非假装——集体性的温良恭俭让，装不出来，也装不像，我所以觉得以上种种情状难以举证描述，并非指社会精英，而是在街市随处遇见的人。

——陈丹青《荒废集·日常的台湾》

中产阶级小姐也没了

窦文涛：你老说什么都得有个样子，工人得有个工人的样子，流氓得有流氓的样子，现在上海还有什么样子不见了？

陈丹青：还有一种就是上海女子。

窦文涛：是资产阶级小姐吗？

陈丹青：一般会认为她们是资产阶级小姐，但我宁愿说是中产阶级，她们家里未必很有钱。我小时候见到过一些二三十岁的阿姨，包括五六十岁的老太太，一个个走出来都很有样子，很会应对，很会说话，但不是世故。有时候她也很调皮，但有时候又泼辣；有时候很会吵架，但又斯文、有风度，体谅对方，给对方面子。她在人际关系中让你觉得很舒服；她也有担当，就算流氓来了，也一样会摆平——很舒服、很柔性地摆平。

窦文涛：女子能安天下计？

陈丹青：后来我到香港，看到还有这样的女子——原来她们都跑香港去了。偶尔在纽约也会遇到，到哪家去做客，忽然发现他家的老太太或小姐，我便会想起小时候也见过这样的人。

窦文涛：你小的时候也是新中国成立后了啊。

陈丹青：但你要知道，五六十年代走在马路上的我们的父辈都是民国青年。我外婆是清朝人，光绪年间的，还裹小脚。所以我见过从前的人是什么样子，包括那会儿的南下干部，很多是山东人——上海人看到山东人最害怕，因为单位领导、小菜场的书记、汽车机轮厂的车间主任多是山东人。他们也许讲话粗暴，但现在想起来，也都还好。他们到南面带来的是另一种气息，跟今天的领导比，有他率真的地方——他觉得这件事是错的，他真的相信这个是错的。现在人未必这样，他说你错了，你知道他心里怎么想?

窦文涛：现在叫“揣着明白装糊涂”（笑）。

陈丹青：讲的一套，做的一套，想的又是一套。

梁文道：那是一个国家建立之后的新气象，那群干部都觉得自己在缔建一个新国家，他们很相信自己的信念，在道德上对自己要求也高，很自律。这就是传说中解放军进城那种“王者之师”的感觉。

陈丹青：是，有朝气。我回忆幼儿园时代、小学时代，虽然现在细细去捋，很多问题已经发生了，比如饥荒，但日常生活、都市生活其实还是正常的。真正大面积的破坏是1966年以后。

窦文涛：人们说的语言都变了，变成了满嘴革命口号。

陈丹青：那时候，人与人之间吵架也跟今天不一样。

窦文涛：怎么不一样?

陈丹青：比今天傻。他真的会争，比方你自行车过线了，被一个警察扣着，一群人围在那儿，像开研讨会一样，真讲道理，你这么处罚我是不对的。

窦文涛：还是讲理?

陈丹青：双方或数方都没有太明显的恶意，可能很幼稚。今天想起来，怎么这事儿还用这么吵？这么较真？现在不会了。现在普遍世故，连很小的孩子都很世故，非常明白自己在这个社会是没地位的，没地位的人应该对有地位的人怎么样，然后哪天等我有了地位，我也跟他们一样对待下边那些没地位的人。

窦文涛：现在小孩子都能想到给老师送礼，还让爸爸妈妈送。我有一朋友是小学老师，我问她现在孩子有没有调皮捣蛋、打架的？她说没有，现在老师一进来，一堆孩子在那儿说“老师你今天真漂亮”“你这个发卡是在哪儿买的啊？我让我妈妈也买”之类的。

梁文道：反过来从上往下看，常常看到一些有权的人欺侮无权的人，把他们当成没有尊严的人。这常常让我想起，一百年前中国文人就开始批判面子文化，可今天想起来，过去“讲面子”有它可爱的地方，比如今天一个有权有势的人看到一个服务员端水不对，可能就拿水泼人家，还发狠说“你知道我是谁吗？这么不给面子”。但如果在以前社会，你这么说话就很丢面子了。面子是双向的，面子有一个规范，你有权有势，你就得让人觉得你自己很体面，你骂别人不给你面子的时候，其实自己已经没面子了。

> 猛听得身边一声钝响，两部小轿车前后相撞，歪在马路中央。
>
> 我的奇思狂想陡然中断立马刹闸张嘴呆看：两位中年人破门而出一个西装领带头发向后梳一个穿羽绒服理小平头都戴着眼镜看一眼相撞的部位二话不说劈头盖脸打成一团。我登时感动得近乎委屈：整整十一年总共一百三十二个月五百七十多个星期四千多个白天黑夜再没

亲眼瞧见真人打架了呀，海外游子朝思暮想盼星星盼月亮盼什么呢我也不知道盼什么但是现在回国第一天最最动人的时刻总算来到了！听啊，那一拳接一拳揍在冬衣上的闷响，两张脸忽儿紫涨忽儿煞白领子忽儿被揪牢忽儿又犟开四条手臂挥舞穿插要么落空了要么打歪了手表一闪掉到地上又闪电般捡起来继续打有那么一瞬两人猛然抱拢痉挛战栗试图扳倒对方远看活像生死之交久别重逢激昂慷慨几乎要接吻痛哭的样子正当千钧一发之际忽然松手分开气喘吁吁其中一位嘴角渗出鲜血紧接着咳呸一声血唾沫飞出老远然后龇牙咧嘴再度奋勇一扑劈头盖脸又打成一团周围自行车阵铃声大作源源流过人人视若无睹我这才发现只有自己站在那里张嘴呆看。

回来了！我的同胞，我的祖国。我真的回来了！

——陈丹青《多余的素材·归国确认》

香港其实很“保守”

窦文涛：香港这方面做得不错，跟台湾有点儿像，人跟人之间很客气、有礼貌。但是看香港那些八卦媒体，发现他们有最保守的道德观。

梁文道：特别保守，比如陈冠希那个事儿，媒体不关心照片是怎么流出来的，都在说男女话题。

陈丹青：这还不是个保守问题，这跟广东有关系。

窦文涛：怎么讲？

陈丹青：南宋把一种价值系统很完整地带到广东，他们连语言都保留着古时候的语言。有一种形态在大部分民众中一直留到现在，没有遭遇过很大破坏。

窦文涛：香港的警察还叫“差人”。

陈丹青：这会形成反差。大家理所当然地认为香港是个现代地区，非常西化，就像我们平时对美国的误会一样，以为美国声色犬马、道德沦丧。其实由于基督教、天主教的传统，美国是一个非常保守的国家。克林顿的桃色新闻在美国是很严重的事，在欧洲那儿就不算什么，欧洲人过了这一关。我记得80年代末，美国有个民主党候选人被狗仔队拍到一张桃色照片，本来势头高涨，“新概念、新美国”说了半天，最后一张照片终止了选举。结果，法国一份报纸针对此事还上了个新闻题目：《长大吧，美国！》意思是，这些事儿你们还计较？！所以不要误会美国是一个花天酒地的国家，根本不是这样。为了堕胎问题，为了红灯区设在哪儿，都有人抗议。90年代初，有个女的因为红灯区设在社区内影响小孩，在色情杂志店门口引火自焚，真人真事，我们不能想象！

梁文道：特别道德，呵呵。

窦文涛：像法国司法部长未婚生子，放完产假，回去开会，没人在意。所以真是各有各的标准。

礼的实质是尊重

窦文涛：我们常说的“市民文化”，港台那边叫“小市民”，这种小市民道德跟过去上海的小市民一脉贯通吗？

陈丹青：不太一样。最近我见到网上一篇文章，写得很有意思，说去过上海的人最受不了上海人一句话——“你们乡下人”。作者为这句话辩护，说上海是第一个在中国实现现代化的城市，也是第一个居民群体自愿摆脱古老的、农民式的价值观的地方；上海人说“你们乡下人”，不是因为你来自乡下，而是你的行为不文明。他举了很多不文明的例子，讲得蛮有道理。

窦文涛：过去说上海人“势利眼”，看来没错（笑）！

陈丹青：并不是说，你是乡下的，他是城里的。不是这意思，是文明问题。

窦文涛：就像有些西方人看到中国游客在那儿大声喧哗，随地吐痰，会有些瞧不起。

陈丹青：这是一种礼。过去江南人家，哪怕是弄堂里的贫民，出门见人也会弄一弄头发、拉一拉衣服，不会这么直接出去见人的。这种礼古代就有，后来向西方礼仪靠拢。我记得小时候有些有钱同学的姨妈或者家里人都有一个英文名字，他们出门不讲，悄悄在家里讲。这是1949年以后他们在力所能及的范围内力图保留的西化习惯，包括称呼上的。上海市民过去假想自己是伦敦或巴黎那样的居民，后来这个过程被中断了，跟大家一样被乡村化，但是有一些家庭还保留了这个。

> 我不觉得今天还有“江南水乡”这回事，剩下的只是碎片、残骸，像动物园一样保护起来的空间。
>
> 今日江南不是一个有机的现实，而是一个历史词语。不过这一词语变成商业招牌，还有开发价值，还能赚钱。
>
> 江南水乡没有了。我从国外回到上海，发现上海也没有了。
>
> ——陈丹青《退步集·古镇：衰败与沦亡》

窦文涛：我们中国人的老传统是人与人之间交往要温、良、恭、俭、让。礼的内在实质是尊重，庄静自强。

梁文道：但是今天人的火气好像都很大，许多知识分子开座谈会互相辩论的时候，都先把对方从立场上挖起，全盘否定，全盘推倒，说话自然没礼貌。最后大家都不按规矩来了，本来很好的一个辩论，最后变成“我让你的教授升不成”“我找人报复你”之类的。

窦文涛：我们发表一个观点时，说话的腔调、姿态往往超过内容本身，到最后变成吵架了，谁声音高，谁就能压倒谁；谁骂得损，谁就占上风！旁观者也在看戏。

梁文道：其实，说话越有道理姿态越低。我小时候在香港看电视，英国国会辩论得那么激烈，可是两个议员即使彼此开火，也总会说一句“我很可能是错的”“我这么说，您或许会不同意”。中国人看了，可能觉得这太虚伪了。

窦文涛： 是啊，咱把这个叫“造势”。据说当年一帮人联名写信反对爱因斯坦，爱因斯坦说如果我真是错的话，一个人就够了，一百个人有什么用呢？这就是科学家！科学家论是非，对就是对，错就是错。

陈丹青： 没有数量的关系。

窦文涛： 咱就是以多为胜。

陈丹青： 出现这种情况的原因，我想往深了说是集体性对这个时代的不信任。在不信任里，他不安全，所以才会对任何跟他意见、话语不一样的人产生对抗。

窦文涛： 不安全会产生受迫害妄想症，是吧（笑）？

陈丹青： 美国人或英国人开座谈会，大家不会那么躁动，急着要说服别人。因为大家是在谈学问，不会牵涉其他事情，大家信任整个状况。而不信任指的是什么呢？现在学者、艺术家或经济学家聚在一块儿，其实他们心里还有另外一个算盘——我的观点出来后，我在这里面能得到什么好处？我会失去什么？他在想这个。这就是不信任，不安全。

梁文道： 所以有些会上有人说“我不同意”，我都不敢断定他是不是真的不同意。

陈丹青： 也许他真的不同意，但不同意的原因他却不能说出来。

窦文涛： 现在很多人和事儿没法聊了，比如我有时候说话，一边说一边想，我是不是得罪他了？是不是伤害他的利益了？他到底是什么意思？进入了一个人琢磨人的状态，永无宁日！我觉得人跟人之间有些东西是不言自明的，这就是常识！而现在我们的常识越来越乱七八糟，很危险。比如街上卖糖葫芦的，要是真没道德底线了，那你把钱递给他，他当时就可以说，你没给我钱啊！这就崩溃了。

陈丹青： 这个东西失去以后再找回来会非常困难。一个规矩不能破，大家约定俗成的那些东西一旦没了真的很可怕。我们现在还是要面对 60 年代被彻底破坏掉的那些“四旧”：旧风俗、旧习惯、旧道德、旧文化。

窦文涛： 你觉得没有希望立新了吗？

陈丹青： 这是一个漫长的过程，而且不知道它会以什么样的形态恢复到当初那个状况。

梁文道： 我稍微乐观一点儿，它可能会透过现实的互动产生一些变化，比如那些不言自明的规矩。人很聪明，规矩也不是一开始就有的，而是自然而然、慢慢产生的，有时候环境的变化会让大家改变。今天大家都说香港在华人社会里很整洁、很文明、很有秩序，公务员奉公守法，不贪污。但我亲眼目睹了这个过程的发生，70 年代它还不是这样。那时在香港坐小渡轮过海，船头有一块牌子，特别旧，上头写着“不准随地吐痰”，这说明香港人以前也是随地吐痰的。但短短十几二十年过后，就不再这样了。所以，要变的话会很快，十几年就可以。每次人家对我说，不文明、不礼貌是国人的劣根性，我都会说，不是这样的……

锵锵三人行 · 跟陈丹青聊天

中国，太生动了

Chapter 4

现代化给人一种错觉，以为是最先进、最安全的，但其实人类不知道它的代价是什么。我相信核辐射就是一个巨大的代价。

我回国正好十年了，眼看着各种节目来了没了，我没见过比《非诚勿扰》更真实的节目。

我小时候生活在上海，街坊邻居全都不是这么说话的，他们说得又生动又朴素。可现在的孩子接触的，既不生动又不朴素，全都是电视的、课本的、开会的语言。

窦文涛：日本核电站事故之后，人心惶惶啊！据说咱们上空全是核辐射尘，政府说没事儿，但我是个不可知论者，总觉得谁都不能保证咱们的安全。

梁文道：日本核辐射出来很多阴谋论，大家都不相信核专家了。一般我们信专家，这次为什么不信？你想想看，谁会本科、硕士、博士跑去念这个科目？这科目很冷门的，而且念完出来能干什么？在欧美很多国家，研究这行的出路就是帮核电公司打工，即使博士也是当顾问，挣点儿研究费。换句话说，现在要找到完全独立的、没有任何利益纠葛的核电专家很困难。很多媒体到处打听核辐射对人有没有影响，专家都说没问题，但一看专家的背景，就怀疑这些人的话能信吗？

窦文涛：是啊，我最近订了一件日本衬衫，一个月以后到货，这几天我到处问人能穿吗（笑）？

陈丹青：我听过一个说法，有人买来壁毯，挂上之后，头发开始掉，原来地毯是几十年前核爆时候做的，已经吸收了很多核辐射。

梁文道：有可能。从东京机场回来的人身上都有辐射，但专家说这种辐射量很小，跟我们平常在城市受到的辐射差不多。

窦文涛：我跟你说，我现在对这个有深深的怀疑，对这个世界有强烈的不信任，因为你搞不清把持局面的那些人到底是怎么回事儿。日本有个叫平井宪夫的人，在核电站打了一辈子工，最后身患癌症，到处演讲反对建核电站。他演讲的角度很有意思，他说你以为那些设计真的完美无缺吗？在日本有真功夫的老师傅太少了，安装的时候，螺丝长点儿、短点儿、松点儿、紧点儿都没关系，铁丝掉到原子炉里、工具掉到配管里卡住的小疏忽层出不穷。

陈丹青：日本人做事其实挺认真的。

梁文道：认真都还这样！

窦文涛：他说，核电站是菜鸟们像堆积木一样堆起来的。他讲了一个故事让人挺瘆得慌，说有一次核电机组运转中有一个螺丝松了，排射出的辐射量惊人。拧紧这个螺丝，他们准备了三十个人，这帮人在离螺丝七米远的地方一字排开，听到“预备，跑”就冲上去，一个人拧三下然后撒腿就跑，身边的监测仪“嘟嘟嘟”一响，你立刻得走开。这种情况下，一个工人不可能好整以暇地把螺丝拧得非常好。

> 早期的工地，总是会叫经验老到的老师傅来做“班长”。他们比那些年轻的监督人员有经验，并注重名誉，不允许错误发生在自己手上。但现在，老师傅已几近凋零。建设公司在征人广告上以“经验不拘”作为求才条件。这些没经验的素人，不知道核能事故的可怕，也不知道自己负责的部位有多重要。东京电力的福岛核电，曾因铁丝掉进原子炉，差点儿发生席卷世界的重大事故。把铁丝弄掉的工人知道自己犯了错，却完全无法想象这个错会造成如此可怕的事故。这就是现在核电现场的实际状况。

老师傅一个接一个退休了。建商也察觉到这个问题，因此把工程图尽量分割简化，做出连菜鸟也看得懂的制造手册。菜鸟们在现场有如堆积木般地组装各种零件，他们不知道现在到底在做什么，也不能理解这个部分的重要性。这就是核电厂事故频发的原因之一。

——平井宪夫

黑泽明预言成真？

窦文涛：日本这事儿现在影响很大，德国产保时捷和奔驰的那个州，执政了五十八年的老政党突然倒台了，本来选举的时候胜券在握，可是老执政党一直宣传要建核电站，然后突然就遇上日本核泄漏……

梁文道：他们的候选人即现任州长一直说核电没问题，整个宣传海报都这样讲。而反核电的绿党一直对核电采取攻击声势，本来民意差很远，结果选前不到十天日本出了这事儿，那边也想改，可是来不及了，结果绿党在德国的州里首次执政。

德国绿党曾不过是嬉皮士和环保分子的代名词，但多年的欧洲式的环保意识教育，使德国中产阶级不断认同绿党的党章：环保主义、和平、强力保护消费者权益以及少数派和女性。许多当年被视为激进的绿党主张，例如关闭核电站，现已成为德国政府的政策。在2011年3月的日本核事故后，德国政府被迫同意在2022年前关闭所有核电站。

而即使“亲核”政策逆转，也未能阻止绿党这次在德国西南部最为富裕的巴登－符腾堡州赢得胜利，德国出现了绿党历史上第一个州长：克瑞特许曼（Winfried Kretschmann）。绿党还在德国所有十六个地方议会中赢得了席位。

2011年9月的柏林议会选举中，绿党赢得约20%的选票。这前所未有的胜利预示着2013年时绿党与社会民主党的执政联盟，将可能战胜德国总理默克尔和她领导的保守政府。

窦文涛：日本这个民族对核有记忆。这次大地震一出来，很多人就说，这个场景很多电影已经讲了，甚至有日本人拍的，比如黑泽明导演的著名的《梦》，有一段表现了日本人对核的心理阴影。有人曾说过，日本政府的核能政策不过是自圆其说，其实根本就没有电力不足的问题，是日本想造核武器，手上囤积了一大堆铀和钚，世界各国都怀疑它是不是在造核武器。政府为了证明自己的清白，就建了核电厂来用这些铀和钚。

那些红色的云都是铀239，一千万分之一克就能导致癌症；黄色的云是锶90，这种化学元素进入人体后，会导致白血病；紫色的云是铯137，会影响生殖系统导致畸胎，会让我们生下畸形儿。

人类的愚行真是匪夷所思，辐射现象是肉眼看不到的，正因为它这么危险，他们才会加上色素。但这样也只能让我们知道，自己因何者而死，这是死神的名片。

——黑泽明《梦》

科技越进步风险越大

陈丹青：这次灾难我们忘了是始于地震、海啸的。这些本来是古典灾难，但弄出的核辐射却是现代化付出的代价，这个代价是人类面临的一个大风险。中国一直渴望现代化，现在差不多也部分现代化了，可是现代化的代价有多少人想过？2008年湖南大雪火车全线停车的时候，有个兰州学者写了篇文章，提出“现代化风险机制不健全”的问题。他说别以为有了铁路、飞机这些现代化的框架，国家就已经现代化了，两回事！德国有个专门研究现代化风险问题的社会学家贝克，跟我在北京有过一次简短的交谈。他说现代化给人一种错觉，以为是最先进、最安全的，但其实人类不知道它的代价是什么。[①]我相信核辐射就是一个巨大的代价。核能可以发电，可

① “风险社会”是德国著名社会学家贝克首次系统地提出理解现代化社会的核心概念。贝克认为，风险社会的突出特征有两个：一是具有不断扩散的人为不确定性逻辑，二是导致了现有社会结构、制度以及关系向更加复杂、偶然和分裂状态转变。所以，现在的风险与古代的风险不同，是现代化、现代性本身的结果。风险社会的风险包括经济的、政治的、生态的和技术的，如核技术的、化学的、生物的风险。这些风险是现代化的产物，是人为的风险，这种风险与以前的自然风险明显不同。

《梦》是黑泽明于1990年拍摄的一部影片，内容立意颇为奇特。电影由八个片断组成，分别是：太阳雨、桃园、风雪、隧道、乌鸦、红色富士山、垂泪的魔鬼和水车之村。八个梦几乎涵盖了人类生活的所有主题，战争与和平、社会与人生。全篇贯穿着强烈的环保理念：人生于自然，却竭力在破坏自然，破坏自然的同时也在毁灭自己。

以干这个干那个，但是你准备好了没有？不要等风险来的时候，你才准备好，那将付出群体性的代价。

窦文涛：你不能老认为你玩得转。

梁文道：过去遭遇地震、海啸，灾害完了就完了。现在情况为什么这么复杂？因为是复合型灾难，引出了核辐射。贝克一直强调现代技术的风险，第一，我们没有办法准确估量这些现代技术最后的规模，比如基因研究，很多人预言未来十年二十年人类最危险的不一定是核，而是某个实验室内的生物试验出了错，不晓得会出来什么东西，这是不可控的。第二，现代技术的风险你要了解，但这些技术是绝大部分人不懂的，因此就出现文涛刚讲的，在日本订了衣服不敢要，为什么？因为有没有危险，这些我们不知道。

窦文涛：而且我认为科学认知也是有限的，你怎么能全懂呢？

梁文道：第三个问题更严重，从这些技术里获利的人跟承担风险的是两拨儿人。比如这次福岛核电站泄露，当地居民里有一帮人反对核电都几十年了，就在出事前一个月他们还在外面举旗反对，现在这些人恐怕都没了。想想看，出事儿的时候首当其冲的是老百姓，但谁能从核电站获利呢？第一是东电的大股东，第二是远在他方享受电力的人。这很不公平，等于你在某个地方建了个什么东西，出了事儿里面的人承担，获利却是别人。

窦文涛：核废料的处理也是难题。日本一所大学弄了个原子试验炉，好像是100瓦的，废弃的时候一算，处理这些废料大概需要这所大学一年的预算，没法弄。后来有人说，要是1000万瓦的核电站，光废气的半衰期就得花好几年时间。

陈丹青：这就是人类聪明的代价，科技越进步越高端，它的风险就越大。

梁文道： 没错！

陈丹青： 说起来，新的科技可能是为了对付前期发生的风险，最后有办法对付了，新的风险又出现了。这就是魔道之间的关系，有时候魔高一尺、道高一丈，有时候道高一尺、魔高一丈……

梁文道： 循环了。本来切尔诺贝利之后大家都很反对核电，最近这些年又流行起来，因为大家觉得全球变暖问题很严重，核电相对成本比较低，废气又少很多，所以又流行。我们总是用一个东西去解决另一个东西带来的问题，而这个东西本身会产生什么问题，我们并不太清楚。

窦文涛： 萧伯纳讲过一句话，人类很少有一个科学发明是不同时带来相同多问题的，就这么瞎转。

> 尽管人类有自豪的大脑，他还不是在自我毁灭吗？……我检查过人类奇妙的发明。我告诉你，他们在生的艺术方面，什么也没有发明，在死的艺术方面，超过了自然本身。他们用化学和机器生产出屠杀人类的瘟疫和饥荒。今天的农民生活水平与一万年前没有两样。但当他们出去屠杀时，手拿奇妙的机关枪，手指一触，放倒所有大小生命，将他们祖先使用过的标枪、弓箭、吹管抛到一边。……我看到他们笨拙的打字机、笨拙的火车头和乏味的自行车，这些东西与机关枪、潜艇、鱼雷相比，简直就是玩具。人类在工业机器方面表现得极其贪婪和懒惰，他们的心思全放在发明武器方面。你所夸耀的这种奇妙的生

命力是死之力。人类用毁灭来证明他们的实力。他们的宗教是什么？是仇恨你的借口。他们的法律是什么？假斯文。他们的艺术是什么？得意扬扬地观看杀人图片的借口。他们的政治是什么？要么是对暴君的崇拜，因为暴君能够杀人；要么就是议会斗鸡游戏。

——萧伯纳《人与超人》

窦文涛：丹青兄的女儿在日本工作，我不明白，为什么你女儿不留在西方而去日本呢？

陈丹青：她喜欢日本，我也很喜欢日本。它是非常成功的现代化国家，同时又保留着东方的传统文化，你去过就知道了。

窦文涛：我想起日本觉得很凄凉，一个认认真真、勤勤恳恳的民族。

梁文道：更凄凉的是什么？发生地震的头一个星期，政府在救灾方面还有板有眼，我当时想这比阪神地震[①]进步多了，但没想到后来处理核电问题糟得一塌糊涂。日本政府、东京电力那帮人混账成什么样！普通老百姓那么守礼，那么有秩序，在这种时刻还坚持过日常生活，对比上头那帮人真让人觉得凄凉。这么好的日本国民不该拥有这样的领导阶层，这些领导阶层不配拥有这么好的国民。这

① 阪神大地震是1995年1月17日清晨5:45发生在日本神户的一场灾难，地震规模为里氏7.3级，震中在距离神户市西南方23公里的淡路岛，属日本关西地区的兵库县。官方统计约有6500人死亡，房屋受创而必须住到组合屋的有32万人。阪神大地震直接引起了日本对于地震科学、都市建筑、交通防范的重视。当时，一般日本学者认为关西一带不可能有大地震发生，导致该地区缺乏足够的防范措施和救灾系统，特别是神户周围有相当多的交通要道都要通过隧道或高架桥，地震时隧道受损严重，影响了搜救速度。

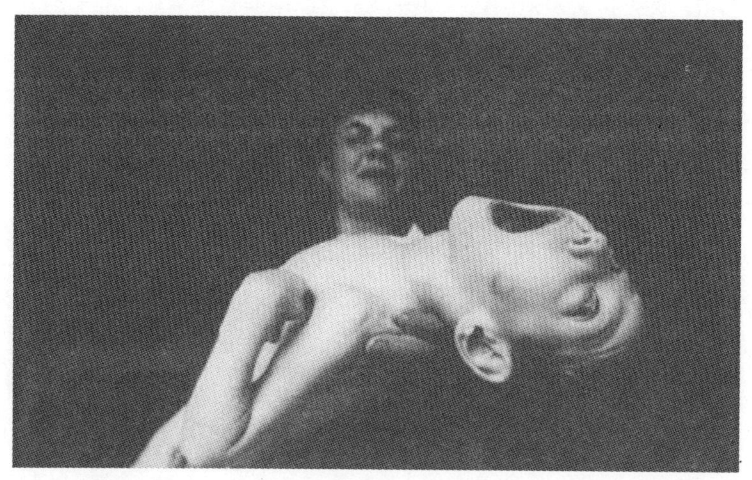

乌克兰基辅（Ukraine）市以北140公里的切尔诺贝利核电站是苏联最大的核电站，共有4台机组。1986年4月26日，反应堆熔化燃烧，引起爆炸，冲破保护壳，厂房起火，放射性物质源源泄出，用水和化学剂灭火，瞬间即被蒸发。事故发生时，当场死2人，遭辐射受伤204人，欧洲大部分地区遭受污染，国际社会广泛批评苏联对核事故消息的封锁和应急反应的迟缓。在瑞典境内检测到的放射性尘埃超过正常数100倍后，事故才被曝光。西方各国赶忙从基辅地区撤出各自的侨民和游客，拒绝接受白俄罗斯和乌克兰的进口食品。1992年，乌克兰官方公布，已有7000多人死于本次事故造成的核污染。近核电站7公里内的松树、云杉凋萎，1000公顷森林逐渐死亡。30公里以外的“安全区”也不安全，癌症患者、儿童甲状腺患者和畸形家畜急剧增加；即使80公里外的集体农庄，也有20%的小猪生下来眼睛不正常。上述怪病都被称为“切尔诺贝利综合征”。专家们说，切尔诺贝利事故的后果将延续一百年。图为美国摄影师保罗 · 弗斯科拍摄的切尔诺贝利核辐射后遗症的受害者。

也是过去十多年很多人争论的一个问题，整个精英阶层到底是怎么回事？这次就看得很明显。日本过去是一个非常官僚的社会，阪神地震的时候走官僚程序，延误了救援时机，被人骂。好！后来总结经验，吸取教训，写了一大堆规则，这次地震一来，按照总结的经验办，没事了；但以前从来没人告诉过核电站出事该怎么办，所以又不知道要怎么办了。

窦文涛：我觉得核真是个没法抵御的力量，跟别的东西不一样，无色无形看不见，半衰期又那么长，到你身体里，你根本躲不了。现在他们说核废料储在金属罐里，日本人扔到海里去了，但遇海水也会生锈，慢慢生锈了又会漏，都不知道海里的鱼会变成什么，唉……

活不起也死不起

窦文涛：咱先不聊日本，聊聊我们中国，最近老百姓都在聊阴宅房地产的事儿，你们听说了吗？北京几个公墓涨势惊人，温泉公墓 0.5 平方米 45800 元，万安公墓 2002 年半平方米就 21 万了。微博上说，现在中国人是“活不起也死不起”了！

下面是北京几个有名的公墓价格的涨幅对比（2011 年 4 月数据）：

温泉公墓 2002 年一个普通的占地 0.5 平方米的双穴墓

地是2000元，2007年是12800元，现在最便宜的是45800元；

万安公墓属于北京档次很高的著名公墓，埋葬多位名人，2002 年 0.5 平方米普通墓地价格是 20000 元，2007 年涨到 3 万到 4 万元，现在最小只出售 1 平方米的墓地，最低 21 万余元；

福田公墓 2002 年普通墓地是 15600 元，2007 年涨到 25000 元，现在是最少 9 万到 10 万元。

梁文道：中国人就是喜欢房地产，阳宅限购，就来抢炒阴宅了！

窦文涛：还有个争议等待政府部门解释，现在不是租墓地嘛，二十年以后还面临续费问题，就跟房子一样，不是永久的！丹青兄，据说你对坟地也有研究，拍了几百张照片是吧？

陈丹青：我写过一篇讲邱岳峰的散文，被他儿子看到了，找到我，说他父亲要从苏州迁葬到上海，问我能不能帮他父亲设计墓碑。我很受宠若惊，但是我不会设计这些东西，得去看。每年我都回纽约探亲，看母亲，然后花大概一整天时间在纽约几个最大的墓地拍了几百张照片，最后综合了两三个我觉得适合邱岳峰的，就设计了一个。

窦文涛：你的设计主要特色是什么？

陈丹青：不好说，有点儿倾斜，像一本书摊开，有点儿像乐谱，略有波浪形。但是后来建墓的人说，我们的加工还做不到这么细，所以我就眼不见为净。中国的很多定件等你拿到，都跟一开始不一样。

邱岳峰（1922—1980），原籍福建，配音表演艺术家。三十年间，为近两百部外国影片中的重要角色配音。配音的主要影片有《白夜》《凡尔杜先生》《大独裁者》《简·爱》等。1980 年，自杀身亡。去世后，墓地一直安置在苏州，2009 年，迁回上海与太太合葬一处。新墓地的墓碑由陈丹青设计。

邱岳峰是伟大的例外。他是一位嗓音的诗人，一位在配音艺术中无所不能的“莫扎特”。他的配音像是电影原版另一个独具价值的“副本”，时过境迁，是那些角色有幸“配”上他，原版反而成了“邱岳峰语调”的副本：那盘录音集锦即名曰《邱岳峰绝版》。其实在他活着的年代，他的配音也可谓“绝版”，中国的官方话语不可能经由他的嘴，畅怀一说：能想象吗，邱岳峰念社论、报告新闻、讲“革命故事”？电台里的播音员也是一流嗓音，义正词严，但闻腔调，绝不流露性情——邱岳峰是个奇怪的异数，国家电台的异类，他只配在全中国样板语音的天罗地网之外，给洋人配配音。亿万听众唯在他那儿才能听到别样的语调：温柔、尊贵、慵懒、谐谑、缠绵、狡黠、玩世不恭、出言不逊！他超越了剧情和角色，是啊，现在想来，我们在邱岳峰语调中贪婪倾听而沛然神往者，其实是语言语音的活的气质：那才是人情与人性。

——陈丹青《多余的素材 · 邱岳峰》

建墓地值当吗

窦文涛：墓地要这么重视吗？现在很多人建墓地，其实就是找个放骨灰盒的地方，建墓地值当吗？

梁文道：问我我当然觉得不值当。死了就死了，人死如烟灭，对于我们佛教徒来说，轮回转世，尸体算什么东西？香港地更小，楼价那么高，早就不准土葬了，都是火化。火化以后骨灰怎么处理？香港就开始炒摆放骨灰的灵位，有些地方弄得像个庙或者道观似的，小小一个盒子摆进去，港币数十万元！现在香港有一群佛教徒正在推广一项活动——植葬，我们在香港寺庙所在的山里种了一些树，长成一片很漂亮的树林，人死了可以把骨灰撒到树根附近，变成肥料滋养这些树林，很美，对不对？

陈丹青：仿佛树底下有个人（笑）！2008年，有人提出庞大的设想，说中国西部有大量土地，正好开放给全世界进行……

窦文涛：全球土葬产业（笑）。

陈丹青：我还为了这个专门在《南方周末》上写过文章。

2008年初，在新疆召开的政协会议上，有人发出“将塔克拉玛干沙漠建成世界上最大的土葬公墓”的建议——面积近34万平方公里的塔克拉玛干已经是自然界和地球版图上的“大墓地”，然而它不是一种蛮荒的无用，将它建成人类最大的土葬公墓，可谓物尽其用。消息一出，引起社会广泛争议。

“反对火葬，回归土葬，中国人讲究入土归根，还必须是本乡，问题是现在人口密度大，与原来社会容许的空间相比已经大大缩小了。”

——梁文道

在人口最多的国家要处理最多的死亡。全国各省份把遗体运去，不是大规模移民，而是移尸。我同情这位诗人的想象力，如果实施，可能的灾难，或者说荒谬感，是什么？中国目前不是人死了怎么办，而是活着怎么办。

——陈丹青

窦文涛：前一阵温州有个人给他妈做丧事，坟弄得跟豪华陵园一样，后来还出来道歉。我平常在路上走，偶尔也能见到有钱人弄的陵园，那叫一个……，丹青兄，你在国内看到的陵园跟美国的相比，有什么区别吗？

陈丹青：中国的公墓我只见过上海的万国公墓，鲁迅去世以后下葬在那里，宋庆龄的墓也在那儿，周璇的墓也在那儿。小时候，我父亲骑车带我去过万国公墓，印象很深，那样子跟后来我在纽约和欧洲见到的公墓完全一样，墓碑上有天使、耶稣或圣女雕刻，完全是上海一群外国人和西派人士去世以后的墓葬。1966 年“文革”以后，我骑自行车经过那儿，墓园全被破坏，树被砍光，墓碑被砸烂，像一堆废墟一样。现在又变成墓园了，不是原来的规模，也不完全是原来的地点了。我就再没去看过。

历史名人墓多冷清

窦文涛：人死春梦不留痕，何必大兴土木呢。不过要是历史名人的墓，我倒挺有兴趣看看。

梁文道：名人墓都成为景点了。我念大学的时候，有个搞哲学的老师，也是位业余摄影师，在全世界到处旅游，去任何地方都以坟场为路线规划，拍世界各地不同坟场的状况，很好玩。西方有很多坟场景点，中国也有十三陵、中山陵这些景点。名人陵墓变成景点之后会发生一些特别可笑可乐的事，我就碰见过。那年四月我去杭州玩，先去了岳王庙，岳飞精忠报国，中国人都很崇拜他，可没想到岳王庙像个闹市一样，岳飞坟两边的神兽，大人、小孩竟纷纷骑上去拍照！后来我想算了，沿着湖边走，到章太炎的墓去看了看，他的墓很安静很漂亮，后面有几株大树高大庄严，没有游客。出大门的时候，我听到导游带着一帮游客唧唧喳喳地说话："这里头没什么好看的，我们走吧！""这里面谁呀？""章太炎的墓。""谁是章太炎？"人群中回答一声"老革命家"！

窦文涛：哈哈哈！说到名人墓，我见过柳如是的坟，她最后不是给钱谦益收了做妾嘛，她的坟却是孤坟。她的坟后头大概五十米左右是钱谦益的三座坟，钱谦益在一头，他父母亲在一头，元配老婆在另一头，三座坟一排。柳如是的坟离他们远远的，她的位置似乎能跟最远端的钱谦益相望，但中间又隔着他的父母亲和他大老婆。

梁文道：香港也有一个坟场，很平常也很有名，因为蔡元培先生葬在那儿。你到那里去看的感觉会特别好，好在什么地方呢？好在他太不特别了，就在一群人的墓中间，真了不起！

陈丹青：去年我突然撞上了梁启超的墓，就在北京郊外的植物园。

梁文道：还真不知道。

陈丹青：一定得去看看，非常好的一个墓，在植物园里，没有人去。这个墓是梁思成设计的，设计得非常好，是我见过的最好的

章太炎（1869—1936），名炳麟，号太炎，浙江余杭人。1904 年与蔡元培等发起成立光复会。1906 年出狱后，在日本参加同盟会，主编《民报》，与改良派展开论战。1911 年回国，任孙中山总统府枢密顾问。1917 年参加护法军政府，任秘书长。之后以讲学为业，著述甚丰，今人编有《章太炎全集》。墓于 1956 年由苏州迁葬杭州西湖区南屏山荔枝峰下，1966 年被毁，1981 年修复。坐南朝北，墓冢上覆水泥圆顶，墓碑上“章太炎之墓”系章氏生前自撰。

柳如是（1618—1664），浙江嘉兴人，本名杨爱，后改名柳隐，因读宋朝辛弃疾《贺新郎》中“我见青山多妩媚，料青山见我应如是”，故自号如是。柳如是为“秦淮八艳”之首，颇有文才，后慕钱谦益名，嫁之为妾。明亡时，力劝钱谦益就义全节，钱不听。1664 年钱谦益去世时，由于乡里族人欲夺其房产，柳如是悬梁自尽。死后，不但不能与钱谦益合葬，而且被逐出钱家坟地。柳如是葬在常熟虞山脚下的一座孤坟里。百步之外，是钱谦益与元配夫人的墓。陈寅恪先生著有《柳如是别传》。

蔡元培（1868—1940），号孑民，浙江绍兴人，26 岁中进士，为翰林院编修。维新变法失败后，弃官南下，回家乡办教育。1912 年任南京临时政府教育总长。因对袁世凯专制统治不满而辞职，后留学德、法。1917 年任北京大学校长，采取“思想自由，兼容并包”的办学方针，使北大成为新文化运动的重要阵地。五四运动中辞职，赴欧考察。1926 年后，任国民党中央监察委员、国民政府监察院院长、中央研究院院长等职。1940 年病逝于香港，同年安葬于香港仔华人永远坟场。

梁启超墓位于北京植物园东环路东北的银杏松柏区内。墓地总面积 1.8 公顷，分东、西两部分，东部为墓园，西部为附属林地。墓园内栽满松柏，由梁启超之子、著名建筑学家梁思成设计。梁启超和他的两位夫人、弟弟梁启雄还有三个儿子均葬于此地。

民国人物墓。所有历史名人的墓，尤其清末明初的都很冷清，没有人去。我自己特别想去看董其昌的墓，我太喜欢他了，他这么一个伟大的画家，如果在西班牙或法国，是非常不得了的人！但据我一个朋友说，董其昌的墓就在无锡一个荒草丛中。

窦文涛：咱们也该有点冷清的墓了，旅游景点都是热闹的墓。

梁文道：热闹有热闹的好处。冷清的墓反而气氛更好，就是太偏远了，地方散开着，你得找。十几年前我去祭孔——那时候还没什么人去，进入孔墓之后，还得问附近哪儿有卖香的，折腾半天才找到香，给孔子上香。

视死如生是传统

窦文涛：说到上坟，最近还有新闻呢，“武汉祭祀用品市场惊现阴间结婚证”，你花五十块钱，可以把你们家死者跟张曼玉搁一块儿！结婚证的字号还是联合国。

陈丹青：姓名？父亲大人！哈哈哈！

窦文涛：给自己死去的爹弄个二奶烧！唉，我觉得这是中国穷人的梦。

梁文道：香港也像内地一样，烧很多东西给先人，一直到今天没断过这个传统。他们讲究到什么程度？前几天我经过一家殡丧店，竟然看到有 Iphone4！你想得出想不出的新玩意儿，他们都已经做好了。

窦文涛：所以说香港人专业呢（笑）。有个外国学者研究丧葬文

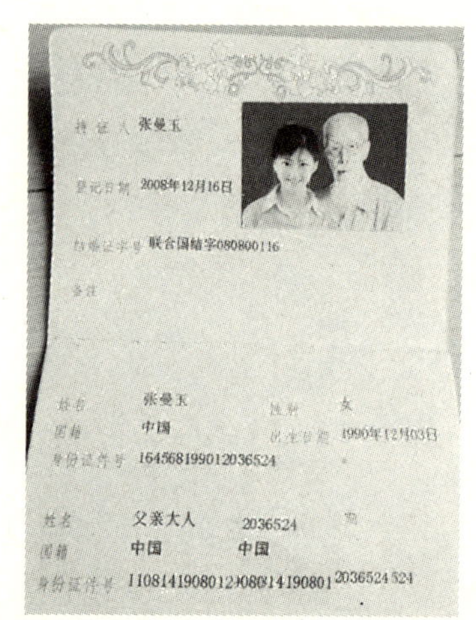

清明节前夕，武汉石门峰公墓的祭祀用品五花八门，从轿车、别墅到私人医生、二奶等应有尽有。令人啼笑皆非的是，路边一个流动摊点竟大肆叫卖“明星结婚证”，称花五十元可与“张曼玉”扯证。（本图来源于网络。）

化，发现一个特点，中国人死了以后还要把活着时候的关系延续下去，死了跟活着一样。我想起个事儿，香港报纸上登出来，有个孝子每年上坟都哭，哭了三十八年，结果拜的是别人的爹，可见墓园管理多么混乱！

梁文道：台湾更厉害，我小时候在台湾，人死了出殡车水马龙的，后来还出现电子花车，像花车巡游一样，上面有人跳舞；再到后来，凡是家里死了男的，就请脱衣舞团在车上跳，跳了一阵可能觉得让街上人看着不好，就把灵车四周用布幕围起来，请一群脱衣舞女郎在里头围着棺材跳。

窦文涛：我的妈呀，也不怕棺材顶起来啊（笑）！

陈丹青：红白喜事嘛。我自己就有过这样的经历——

窦文涛：啊（惊讶）？

陈丹青：不是，这个传统源远流长。我老家在广东台山，我父亲是独生子，其实他有过一个弟弟，婴儿时就死了，那个年代常有这样的事情。我十岁左右的时候，父亲带我回村里探亲，奶奶希望把我过继给死去的叔叔，因为他既没结婚也没孩子。她放了一只鸡在厅堂里，弄了一炷香，让我去拜一下。我看着爸爸，觉得他不要我了，但我爸爸就让我去拜，说只要鞠个躬、烧个香就可以了。王安忆有篇小说《天仙配》就写这个。北方一个村子没水挖井，小伙子下去，结果没操作好被压死了，才十八岁，而且是独子，村长觉得很对不起老两口，把他埋了之后就一直商量怎么给他配阴亲。忽想起来抗战后期有一位走丢的八路军小姑娘死在村里，死的时候只有十七岁，就赶紧找到这小姑娘的墓地，把她起出来，跟十八岁的小伙子葬在一起，写上两人名字，配成阴婚，总算给老两口有了交代。但是有一天一辆吉普车开到村里，原来省里有个大官老头想念他小时候的女朋友，问这一带能不能找到她的墓，村长本来不承认有这么个人，因为已经给这女孩配过阴亲了嘛。后来老首长拿出一张十七岁小姑娘的照片，有个老太太看到就哭了，她还记得这个女孩。村长知道瞒不过了，交涉好以后，又有一天，三辆吉普车开到村外，下来一群人把起出来的女孩骨灰带了回去。后面写得非常好，村长说在我们所有人的记忆里，那是一个十七岁的小姑娘，但是现在被这个白发苍苍的老干部带走以后，忽然这个姑娘老了……我看了很感动，跟很多人讲过这个故事。我问过王安忆，这小说是虚构的还是确有其事。她说是在山东听到的真事，虚构的永远没有真实的好，当然里面的心理过程是她写的。这部小说要是拍成电影多好！

这时候，村长想起了小女兵。在人们的传说中。这是个俊俏的女子，有一双大而黑的眼睛，尖下巴颏。村长想，给孙喜喜结个阴亲吧，老人心里好歹有个念想。他又想，孙喜喜一心想考大学，就为了走出夏家窑，走到什么不知名的地方，现在走不成了，可小女兵是从外边不知名的地方来的，兴许是个大码头，当兵嘛，也多半是有文化的人，说给孙喜喜，也称他心的。还有，这两个孩子都走得叫人心疼，前一个遭了老罪，后一个呢，是眨巴眼间没了天日，神都返不过来呢。又都是花骨朵样的年纪，还没活过人呢！村长在想象中看见了小女兵望着夏家窑的天的大眼睛，一点不诉苦，一点不抱怨。这两个苦孩子会互相心疼的。

……

村长将遗骨拾在一口坛子里，又在喜喜的棺木跟前抓了几把土。等他直起身，便看见了村口路上的吉普车。他将坛子捧在手里，想这坛子只装了这些遗骨和土，怎么就突然变沉了。他小声地说了句，凤凤，这就送你出山呢。他下了岗子，走上路，最后一辆吉普车里走下一个人，是那樊老头，手里拿着一块红布，等他走过去，便用红布蒙在了坛子上，然后接过了坛子。车上的人纷纷下来了，没有那老太，村长心里感到少许的安慰，而就在这老头接过坛子的那一刻，村长觉得小女兵突然间变老了，也变得像樊老头那样的年纪，头发花白，垂着大眼囊，几十年的日月一下子走了过来，闪忽之间，没有了。

——王安忆《天仙配》

《非诚勿扰》像审判一样真实

窦文涛：丹青兄，有个电视相亲节目《非诚勿扰》你看过吗？最近这节目被整改，听说“低调”多了。

陈丹青：有时候我周末回去晚了，这节目如果还在那儿播，就看两眼。我从来没见过比这更真实的节目！

梁文道：啊？什么意思？

陈丹青：大家都说《非诚勿扰》很多东西是假的。我不关心这个，我关心的是为什么从事文化研究、社会研究、心理研究的人不谈这个节目，或者谈它仅仅是从电视角度、娱乐角度谈，但这些都是表面话题。我回国正好十年了，眼看着各种节目来了没了，没见过比《非诚勿扰》更真实的节目。

窦文涛：节目里一个女生说，“我宁愿坐在宝马车里哭，也不愿意在自行车后座上笑”。

陈丹青：没这节目，这句话出不来！听说后来这个节目被派了一个女同志去——现在都拿不掉她了（笑）！但即使这样，节目中有一种东西是假不了的，你面对二十四个人的时候，喜欢谁不喜欢谁是假不了的。比如有个男孩特招女孩喜欢，一个小女孩就抑制不住抢着说“我已经等很久了，你千万给我机会……”尽管每个人都有节目状态，但他们常常会暂时忘记这种状态，迫不及待地把真心话说出来。

窦文涛：是啊，人是情境动物，有时候哪怕你知道是设了个局让你钻，情急之下你也顾不上许多，真听、真看、真感觉就出来了。我记得有次节目有个男的，大概自觉条件不错，嚼着口香糖就出来了，结果二十多个女的一起狂喷他，说他傲慢，说得这男的当场就颓了（笑）！这个反应就是情境下的，很难装。

梁文道：（对陈丹青）您认为这些年轻人的谈吐还算得体吗？

陈丹青：我们这辈人二三十岁的时候，要在公众场合硬碰硬地面对一个女生，哪怕不是相亲，都不知道该说什么。可是现在这些孩子都敢，当他们的背景资料出现时，比如女孩说我前面谈过三次恋爱，男孩说我刚跟一个女友分手；哪怕说的是假的我也相信，我相信里面所有的资料，相信他们说的每句话。

窦文涛：为什么说这个节目有问题呢，肯定是某些人——没准儿就是您这岁数的，觉得不堪了。为什么不堪？就是那种真实——

男女之间那种直白、直露，刀对刀、枪对枪太刺激人。

陈丹青：我说的“真实”不完全是这意思，我是说哪怕它全是假的，我仍然会把它当真的看。这有点儿类似审判，审的人要想办法找出真相，被审的人想着怎么糊弄审问的人，但他们的对话一来一去都是真的。我指的是这个真实。

窦文涛：现在这个社会是不是进入了一个说话很直接的时代了？

陈丹青：现在是，爱情这件事从 80 年代开始终于不再是社会禁忌了。从校园到白领，然后到民工阶层，这二三十年过来在媒体上公开谈论男女话题已经没问题了。但怎么谈得有意思，这是另外一个问题。现在我们的媒体还不是很成熟，我们的社会还不是一个成熟的公民社会。

梁文道：我前阵子看到足球明星帅哥 C 罗的故事，他刚去英国的时候，英文不好，有个哥们儿爆料说，有一次 C 罗在餐厅看到一位漂亮的女服务生，想追人家，但英语太烂，就拍拍人家说“Fuck！Fuck！”直接就来这么一句。

窦文涛：这要在《非诚勿扰》上，直接就把他淘汰了（齐笑）！

今天的年轻人真苍凉

窦文涛：电视相亲这种直面相对的方式我特别不习惯，我认为两个人谈恋爱还是应该从一个模模糊糊的状态开始。电视相亲不光是在别人观看的情况下，还得把脑子里的几条标准直接拿出来：收入、价值观、跟我的生活搭不搭……谈恋爱好像成了一件挺理性的事儿。

陈丹青： 从出场到选择、问答、决定，一切要在二十分钟里解决。

梁文道： 很多人觉得这样太做作了，太不自然了。按照传统的交往模式，男女之间应该先认识，做朋友，相处，然后再产生感情。可是我们忽略了一点，从生物学角度上讲，任何男女在平常的相处中都包含了一种可能——他们会发展出一段感情。从认识一个人到与他发展出一段感情，这中间经历的种种过程到底有多少必要？电视相亲把那些不必要的过程全省略了！

窦文涛： 我跟你说到我这岁数就觉得这过程没必要了。回想我那不堪的前半生，在女人身上浪费了多少时间啊（齐笑）！那种模模糊糊、毫无效率的、弄啊弄半天的——

陈丹青： 倒退二十年，你愿意上这个节目吗？

窦文涛： 节目不去！私下里相亲，行（笑）！比如我提前想好要一个什么样的女的，模样如何，性格如何，职业怎么样，要相亲真碰上了，行，咱就发展！这样的话，我上半生浪费的很多时间就可以读书或做一些更有价值的事了！还有我听说现在父母都到公园里给孩子找对象——

陈丹青： 你到（北京）中山公园看看，上千家长在那儿！老头老太太每个人手里拿着硬纸板，上头有儿子、女儿的所有资料：身高、长相、学历、工资、单位。拉住就互相介绍，我真是开眼界了！

梁文道： 孩子知道父母在干这些事吗？

窦文涛： 有的知道，有的不知道。

陈丹青： 今天不光相亲，大学同学关系、单位同事关系、街坊邻里关系都在深刻地变化——我不敢说崩解。好同学、好朋友、好街坊还是有的，但我在大学里遇到的许多年轻人都跟我说现在没什么朋友了。最典型一个例子，我曾经让木心先生的女秘书代我打听我母亲五六十年前的一位老朋友，打听到的时候老太太已经去世一个星期了，我母亲最终还是没联系到她。我谢谢这个女孩子，她只有二十三岁，说陈老师我很感动你妈妈到了八十多岁还在找她过去的朋友，我们这代人已经没有朋友了。我非常惊讶，问她怎么会这样。她说我们大学毕业就不联系了，大家都各顾各的，电话也不留，几乎没有聚会。她还讲了一句让我很惊讶的话，“等我像你母亲那么老的时候，我已经找不到一个人可以见证我的青少年时代了”。

窦文涛： 哎哟，真苍凉啊。

陈丹青： 这么说的年轻人为数不少。

窦文涛： 我很奇怪，那个年代按说还男女授受不亲呢，怎么找对象、交朋友反倒好像比今天容易？

陈丹青： 我们一方面男孩和女孩之间不知道互相说什么，另一方面男孩女孩在一起玩的机会绝对比今天多太多了。街坊邻居、插队落户的知青、江湖上认识的人……那时还不是商业社会，多的是时间，而且没有私人空间，随便就能到别人家里去。人跟人交往很频繁，每个人都有一大串朋友，如果这个人人缘好，朋友会维持终生。可是这种情况今天也许真的消失了。

窦文涛： 听说有些孩子过春节，都给逼到花钱租男朋友、女朋友回家的份儿上了。我记得有一次看《非诚勿扰》，里面有个女孩说她喜欢农民工。我突然想起了一个惊人的数字，现在中国农村有六千万留守妇女，村里的青壮年劳力都走了，只有她们留在村里养老人、养孩子。广东有些地方，工厂里几乎全是女工，男工辞职不干，好几个女工养着他，争着给他做女朋友[①]。你看，并不只是有钱的男人才有好几个女人，像这种男的，不干活，还有几个女工争相对他好。这是为什么，因为资源少？

陈丹青： 这种事情在我们那个年代也有，农民工族他们的人格上还有我们那个时代的东西，可能因为他们来自不发达地区，人际关系比较传统，没有那么快被改变。我比较有兴趣的是都市白领这个群体，我无法判断今天他们的交际选择跟我们那个时代相比是更自由、更有效了，还是更被动了。但我觉得，像我们这代已经做了父亲的人，应该放下偏见看《非诚勿扰》，不要太快判断它是庸俗还是高雅，它其实是作为一种新文化出现的。现在的年轻人可能比我们那会儿自由，但同时又远远不如我们自由，《非诚勿扰》里他们要在二十分钟内决定恋爱这么重要的事。或许有人说，现场配对的以后未必在一起，但我关心的不是这个，我关心的是这种相亲方式许多年轻人都能适应。

窦文涛： 通过电视传播，更多的年轻人会接受这种方式。

陈丹青： 无论从伦理上还是形态上，《非诚勿扰》都在改变男女交往的方式。这么敏感的一件事，婚姻学、社会学学者都应该研究。

---

① 在制造业发达的东莞，男女比例长期失调，有些工厂中女工与男工的比例甚至达到8:2。由于性别原因，女工找不到恋爱对象，于是一个男孩有三个女朋友，并且女友彼此知道对方的存在这种情况在东莞一些工厂里屡见不鲜。而男人不工作，由几个女人争着“养”的情况也并不罕见。现实是，男人不一定找得到工作，而女工却不可能不找男朋友。

现在的语言很匮乏

窦文涛： 丹青兄和文道兄都在美国混过，为什么我老觉得自己是一土鳖呢，因为我缺乏在国外生活的经历。是不是缺了这一段，人会不一样?

陈丹青： 不能这么说，但留过学真的会不一样。我看《非诚勿扰》发现在国外留过学的孩子跟中国本土孩子讲话不太一样，在国外待过的孩子不如本土的孩子会讲话，但他们直率，讲人话，不装。我以前到中国大学去演讲，发现我们的孩子一点儿不缺少知识、智力，而是太过了，但问问题时就一套一套跟社论一样。国外孩子不这样，一二三四，想说什么说什么。

梁文道： 不怕说错话。

陈丹青： 对，这是很大的差异。

窦文涛： 我有时候觉得吧，中国的青年人往往比中年人更假、更虚伪，像参加选美的那些女孩，我就奇怪，怎么一上台她们就老说假话呢？后来我发现，其实只有中年人才懂得如何尽量安全地绕开假话说真话。

梁文道： 掌握分寸，哈哈哈。

陈丹青： 现在的孩子从幼儿园开始，看电视里是这么说话的，爹妈差不多也是这么说话的，从小学到大学，周围环境不断让他这么说话，长大了，干脆不知道还有别的说话方式。我小时候生活在上海，街坊邻居全都不是这么说话的，他们说话又生动又朴素。可是现在孩子接触的既不生动也不朴素，全是电视的、课本的、开会的语言。

梁文道：假话或空话只在某些场合才用，有部纪录片叫《请投我一票》，讲中国一个小学选班长的事。孩子们竞选时说的话跟他们日常讲话完全不一样，假话就应用在这种场合。

许晓菲：各位老师、同学大家好！面对困难我也曾哭过，我也曾徘徊在放弃的边缘，即使有了困难，也应勇敢面对，不能过分依赖别人，我要以我更出色的表现，来回报给予我这一切的老师、同学，还有默默支持我的妈妈，选择许晓菲，将给你的校园生活增添更加亮丽的色彩！谢谢大家！

——《请投我一票》

这五六十年，全社会发展出一整套语言，煽情、造作、夸张、空洞，打开电视，几乎每个节目主持人都用这种语言说话，日常生活中我们也这样说话，即便说的是真人真事、真挚的情感，语言却是空洞、夸张、造作、煽情，而且大家不觉得这有什么不好，我们是从丧失语言开始，丧失了传统、丧失了天性。

——陈丹青《荒废集·民国的文人》

《请投我一票》是陈为军在2007年拍摄的一部纪录片，内容是湖北武汉市常青第一小学一个班级班长竞选的故事，后来入围2008年奥斯卡最佳纪录长片名单，《华盛顿邮报》称其为“关于一群八岁大孩子的……令人如坐针毡的政治戏剧”。

窦文涛：这叫场面话。

陈丹青：两套话语还是好的，还有一种情况更不堪，私下说话、公众说话都说场面话，因为没有别的语言资源。我在电视连续剧上看过一个例子，一个明朝的士绅请一大帮人吃饭，说“吃好了，喝好了”。按照今天标准，这是最热情最客气的话了，可放在明朝人嘴里却是一套一套的，叫人怎么吃饭啊！

窦文涛：所以我现在看到女孩子就直接对她说，我对你有深切的欲望，哈哈哈！

陈丹青：包括《风声》《潜伏》这样的谍战片，可能编剧越来越年轻了，70后、80后都在做编剧，剧中无论是什么身份，扮相是对的，街景和场面也大都是对的，最不对的就是语言。

窦文涛：甭说年轻的，年老的都在所难免。刘心武补写《红楼梦》，说他已经尽量找《红楼梦》语言的感觉了，但在写探春远嫁离别贾环时，却写出贾环冲着探春说，“姐姐放心。我从此一定学好”。当然这是小差池。

清明时节，杏花盛开。运河开冻，绿水漾漾。圣上派出皇家船队，护送南安王府郡主远嫁和番。荣国府贾政王夫人并南安郡王王妃领着两府亲友在运河码头送行。礼部等官员奉圣上之命，亦为茜香国女王并王子备好华船。光是载运赏赐嫁妆的船只，就排得有半里路长。那贾探春上船前与亲人一一道别。至宝玉面前，正好柳絮飞来，探春不禁脱口而出：“也难绾系也难羁，一任东西南北，各分离。”宝玉知那原是谶语，而自己的心声只是缥缈的盼望，却也不禁口内呐出：“纵是明春再见，隔年期。”别人也不知他们兄妹二人在说些什么，只见他们各自泪流满面。探春又走到贾环面前。那赵姨娘并不能跟主子们站在前面，只在远处丫头婆子队里打头。贾环素来对这个姐姐又生又怕，应是天性使然，此刻却不禁哽咽着道：“姐姐，恕我一贯荒唐吧。”探春忍不住将他揽于怀内，也无言语，只是摩挲他的脊背，贾环心知那份关怀，因道：“姐姐放心。我从此一定学好。”

——《刘心武续红楼梦》

大风大浪里去锻炼

窦文涛：说到留学，其实现在的父母只要有条件，送孩子出国简直是不二之选！北京几所名牌高中，一年学费八到十万，从高一开始就是中外合作的课，以便孩子高三毕业顺利出国。

梁文道：是不是对我们国家教育体制有些不信任？

窦文涛：有这个原因，但根据我和一些父母的聊天的感觉，送孩子出去还有环境、知识结构乃至做人的考虑。有的家长在孩子还很小的时候就开始想，我孩子以后是上国际学校呢，还是上国内学校？从小送到外国好不好？送出去早最难学的中文没办法学，但是从小送到国外可能又活得比较简单、单纯。

陈丹青：出国留学是件好事。对我们这代人来说，这原本是非常不可思议的事，“文革”以后很重要的一件事就是开放留学，可以自由出入境，总算是回到正常国家了。现在很多人对中国的教育、生存环境、成长环境不信任，宁可把孩子送出去也不愿意让他们在国内受教育，这个矛盾在十多年前还没有这么尖锐。2005年我辞职的时候，批评的都是大学，结果很多高中、初中甚至小学的老师、学生来找我，我才知道更可怕的问题在少年儿童，甚至在幼儿园。

有一位《大学生》杂志的新编辑告诉我，他是某市二中毕业的，该中学的别称就是“第二监狱”：围墙、铁丝网、监视器。一年到头早晨五点起床，晚上十二点睡觉。各种威逼监视，无所不用其极。常有孩子自杀。每年春节学生喝醉了，就把可恶的学监暴打一顿，扔河里去，然后再捞起来，第二年继续当他们的学监。平时老师要挟的话是：不好好读书？你他×永远农村户口！

——陈丹青《荒废集·访谈杂录》

我不愿说年轻人。孩子都是无辜的。今日大学生在入学前已经被中学小学及整个教育体制所扭曲，这种扭曲折回家庭，家庭成为扭曲的合作者。今天的孩子个个是考试的“连体婴儿”，既想挣脱对方，又必须与对方同呼吸。

……

> 西方的本科生朝气蓬勃，活泼自然，边学边玩，边玩边学，成绩并不是成长，成长不仅靠教育。顶要紧一条，没人逼他，他于是不自逼。以我对二三十年前大学生的记忆，最大的不同，是今日大学生没朝气。
>
> ——陈丹青《退步集续编·一格一格降人才》

窦文涛：我家有个亲戚，很穷，但一定要移民，他爹讲，我孩子要不出去就毁了。原来学校划分了重点和非重点，挤不进重点学校就成了差生。

陈丹青：这个问题不仅是中国，也是世界范围的事。我最近看了一部美国纪录片，非常有说服力，美国的教育体制也有问题，但性质和我们不一样。他们是教师工会的问题，差的教师不能解雇，只好吃闲饭，教育品质一代不如一代，最后家长和孩子只能在一个非常严峻的竞争空间里寻找好学校。咱们这边有所谓的“重点学校”，他们那儿也有类似的，州体育场里，几千几百个孩子抱着家长在那儿听，一共只有几十个名额，选中的狂喜，没选中的大哭，难受无奈之后只好散开回家。我看了很震撼！二战后教育江河日下，这是世界性问题。

梁文道：我的看法是，应该把留学不只想成接受更好的教育，更是接受不同的文化。欧洲有些国家，教育制度非常先进，教育出来的学生很牛，为什么还有很多年轻人出国？而且高中时候就出国？因为他们要体验不同的国家、不同的社会、不同的文化，甚至不同的教育制度。很多美国大学特别规定，学生应该有一年的时间在海外学习，为什么？满足好奇心，出国留学也是好奇心的扩展。

陈丹青：民国和建国初期，出国留学是到先进国家取经，现在已经不是这个情况了。有些高端家庭，比如官员或商人，不是留学，是移民。我在美国的时候就知道台湾留学生存在一连串问题：成长问题、安全问题。内地留学比台湾晚了二十年，现在这些问题也很普遍。我有个亲戚，女儿出去留学，三个月就怀孕了，她爹说，“我出一个差回来，就莫名其妙当了外公”！出去随时会有事发生，你必须得承受。我在美国看了好几次类似报道，很漂亮的中国女孩晚上两点钟回家，被人当头一枪打死。除此之外，还有跟人相处的问题，孤单、疏离等。

这代海归，相比民国时期的留学生，以及五十年代留苏学生，有三个根本差异。

第一，他们都是政府公派，我们是自费出去的，特别是艺术类留学生，公费生极稀有。

第二，二三十年代的海归，出国前真的是学生。而我们这一代，像陈逸飞、徐冰、谷文达等人，都在国内拿了学位，有知名的作品。至少从国内的标准来看，已经是艺术家了。

第三，前面两代留学生差不多都回国来做事。特别是清末民初第一代海归，真正的精英，回国后为中国各领域的现代化奠定基础。到我们这一代，大批留学生选择定居国外。

——陈丹青《退步集续编·羞耻与责任》

窦文涛：你当年留学的过程怎么样？

陈丹青：你不能问我们这代人。我们这代人十五六岁就给扔到社会上了，死掉就死掉，废了就废了，少数的人会成才，绝大部分废了或者很平庸。但我的经验是，扔到农村也好，扔到美国也好，大部分的孩子会承受，而且会适应。用老话来说就是“大风大浪里去锻炼”，孩子在大风大浪里会成才，会跟从来没有离开自己家乡的孩子不一样。

窦文涛：而且现在中国人出去留学也有一个很实用的考虑，未来社会肯定是国际性人才更具有竞争力，从来没有出过国的孩子将来竞争力可能不行。

陈丹青：这是现代化的一部分，交通便利了，全球一体了，留学的人多了。放在几百年前，马可·波罗也是出来留学的，那是不得了的事。可现在不稀罕了，一天之内可以到达地球的另一端，这是现代化的后果。

窦文涛：人在精神和文化上会不会串了种？

陈丹青：什么是串种？

窦文涛：我们台不是也有实习生吗，从英国、美国回来的80后，挺好玩的。我见过一个女孩，一方面她深受父母把女儿当成摇钱树想法的影响，整天谨小慎微的，琢磨着要找个什么样的男人；另一方面，她又完全跟外国小孩一样，出去到酒吧玩的时候那叫一个我心狂野啊（笑）！两者并存一身。

由于制度滞后，以及普遍的机会主义，人文艺术领域的海归派几乎没有影响，而据我所知，大部分非人文专业的海归认同这种高级工具角色，并对现状非常满意，属于利益分享群体。由于这类身份优越者的加入，当下畸形的文化现实更显得合理合法，文化跋涉的前景十分渺茫！

……

在我看来，海外经历最可贵的财富不是所谓前沿专业知识，而是独立人格、自由思想，以及因此体现的一系列价值观。海归不应该仅仅带回各种专业知识或技能，现代价值观才能从深处远处对中国发生影响。这种价值观，你不出国很难认识，很难成为自身的人格。新的价值观哪怕一时不能在中国奏效，先得在自己身上奏效，变成安身立命的一部分。

——陈丹青《退步集续编·羞耻与责任》

还是中国事儿多、热闹

梁文道： 出去留学的人，从历史上可以看到有很多好的影响，甚至可以说整个现代中国就是由一群留学生造就的，像孙中山、周恩来、邓小平，都是海归。英国的许多成就，比如我们熟悉的英国国会大楼，也是留学生造的。英国在19世纪很流行“大旅行”，所有贵族精英子弟必须出外走一趟，过英国海峡到法国意大利学一圈，看看欧陆各国的先进文明，然后再回英国。留学要有一个先决条件，就是要有好奇心。但是根据最近几年的观察，现在中国新一代出去的留学生跟以前不一样，没那么大好奇心了。去了英国，觉得英国怎么那么次，这么点儿地儿还不如北京呢，北京都比这牛！去了名牌大学比如剑桥，中国留学生不关心当地新闻，不参加当地社会活动，平常搞的主要活动就是剑桥版春节联欢晚会，哈哈哈！

陈丹青：这是一个庞大的留学生群体，在别的国家继续过原来的生活。

窦文涛：他们在当地主要接触什么呢？排队买 LV 包，混一张大学文凭。有些人担心有一天这样的人都回来了，我们的祖国建设怎么办？还有财富外流问题，不要说裸官、贪官，很多“富二代”将来要继承父母财产，但如果他是美国国籍，财产就属于美国，要给那边交税。

梁文道：我觉得与其指责和担忧这个现象，不如看一下这个现象背后的原因。假如民营企业家很有钱，在中国的生意很成功，他儿子为什么要跑去入美国国籍呢？这会不会刚好折射出我们民间企业的经商环境没那么好了？

窦文涛：陈老师为什么最后又回来了呢？

陈丹青：爱国啊，呵呵。

梁文道：典范啊（笑）！

陈丹青：中国太生动了，我得近距离看！中国在发生巨大的变化，这是肯定的。现在出去的年轻人没有好奇心，摩天大楼不稀罕了，司空见惯了，那是因为中国发生了巨大的变化。

窦文涛：还真是！我去了一趟美国，有一种荒凉的感觉。

梁文道：国外不热闹，还是中国事儿多、热闹……

我看到一体的两面，或者说，唤起记忆——暴吃暴喝，是粮票油票的记忆；放纵声色，是长久禁忌的记忆；一掷万金，因为穷怕了；贫富悬殊的心理失衡，因为本来大家一样贫贱；早先，读书人一律归工农管教，今天的白领，纷纷到劳务市场挑拣乡巴佬或下岗人员为自己洗衣做饭弄装修……高楼群起，开发失控，因为千万家庭曾经三代同堂四代同堂；高校扩招而就业艰难，因为人口从五亿暴涨到十三亿；年轻人什么也不信，因为他们的爹妈曾经什么都信；他们苦命读书、拼命玩耍，因为他们的父母既不读书，又没得玩耍；如今都抱怨现在人人为己，还不是当年做人根本没有自己……

当然，还有无数事物为中国所有而国外无有、国外所有而中国所无……还用说吗？不必说了。但已经发生的一切都是伟大的变化，代价难以幸免。“绯闻”主角可能成为社会转型的一份调料、一件小小的祭品，比起人人都是调料、都是祭品的年代，毕竟霄壤之别。

我因此出国，因此回国：景观面目全非，但在亿万同胞“行为习惯”的无数变奏与翻版中，伟大祖国安然无恙。告诉你，我最感动的是，我出国时才刚出生的肉团子，长大成人了——他们，有可能应了前人的预言，会带给我们国家真正的变化。

——陈丹青《退步集·媒体、大众与神话》

锵 锵 三 人 行 · 跟 陈 丹 青 聊 天

美是一种被暗示

Chapter 5

人是一种自卑的动物，绝大多数人都是从众的——我政治不正确，我身体不正确，我的胸不正确，我穿的也不正确……媒体把人的审美改变了。变了以后，中国人一直不安分，一直自卑，这是心理因素。

东方的美丽，尤其是中国式的美，有一种细腻、温柔的东西在里面。东方的美实在是一种雅致的美。可是近两百年来，我们失去了自信，失去了用自己的眼睛看自己的能力，有点儿迷失本性了。

这就是中国的情况，要么全是雅的，要么全是俗的，其实不好！先进国家是平衡的状况，什么都有，现代诗在念，小沈阳也有，各有各的观众，大众和小众。

窦文涛：最近很多中国网友一跟他讲“空姐”，他想到的不是飞机乘务员，而是“苍井空”，查老师知道“苍井”什么意思吗？

查建英：苍黑的井吗？

窦文涛：你看你不知道了吧。“苍井”在日语里是“蓝蓝”的意思。苍井空是日本的AV女优，在中国被很多网友奉为女神，给她一个评价——德艺双馨的女表演艺术家。你别说，日本AV女优的敬业还真是天下闻名，让人不能不钦佩（笑）！苍井空发现自己在中国有了名气之后，马上呼吁Twitter上的朋友们给中国玉树灾区捐款，喜欢她的人就注意到，她呼吁捐款的文字是用日语写的，没有翻译成中文，那意思是她只呼吁她的日本粉丝，不想麻烦中国朋友。有人就夸她，“你看我们空姐表现得多心思细腻！”2010年4月11日这一天，苍井空觉得好玩，在Twitter上开了个微博，被中国的Twitter友转载，突然间她的粉丝就以每分钟三十七个的速度增加，六小时之内粉丝达到了一万五千人，Twitter的高层都惊讶了，从来没有一个人的微博能这么火（笑）！跟着新浪微博忽悠苍井空在新浪开博，苍井空问，能不能几小时达到一万人哪？中国人就告诉她，你的目标不应该是一万，应该照十万计！现在这个AV女优微博粉丝过百万了！

苍井空（あおい そら），日本AV女优兼电视演员。在东亚甚至欧美都有很高的知名度，近年来因Twitter和新浪微博上的粉丝激增被媒体大幅报道之后，其知名度在中国持续飙高。

中日之间天然有一种纠葛

陈丹青： 其实中日两国一直有一种情结在。我们不能想象一个德国 AV 女优或英国 AV 女优能在中国这么火，即使她们再漂亮，对中国再友好，跟中国网友也未必会有这种关系。印度、新加坡、马来西亚的更不可能。

查建英： 是因为中日战争吗？

陈丹青： 不完全是。很奇怪，西方人对我们来说是“非我族类”，而我们对日本人则有一句话“同文同种”。我们看日本人的时候，会看见我们自己，但又不完全是我们自己，这一层心理让中国网友兴奋！还有一点，毕竟到现在中国都没有成人情色文化，至少没有公开的视觉出版物，它的来源大部分是香港地区和日本，香港和咱是一家人，都看过了，日本人这么乖，这么懂事，又捐钱——

查建英： 听说苍井空吸引人的地方在于“童颜巨乳”，是这样吗？

窦文涛： 这是她个人胴体的特色（笑）！

陈丹青： 这个不重要，类似的 AV 女优多得是，为什么她这么火？其实“文革”前，中国人就特别喜欢日本女明星，“文革”后更不用说了。

窦文涛： 真由美。

陈丹青：还有阿信，中国人记了她三十多年。还有《血疑》里的山口百惠，我们50后观众全记着呢。

窦文涛：我们对日本女星有一种亲切感。听说苍井空在香港也挺火，甚至很多名人都在博客上向她致意！

陈丹青：据我所知，日本人对内地和香港的明星也崇拜得一塌糊涂。成龙就不要说了，内地女主播、香港女演员在日本都有一个非常数量的男性崇拜者团体，只要这些明星出来他们就看，看了之后就意淫，喜欢得一塌糊涂（笑）！中日之间这种渊源，我印象最深的是1965年左右，周恩来做主促成中日青年联欢会，日本的高中生、初中生、小学生战后第一次访问中国，到公园游玩、钓鱼、跳舞、唱歌，最后在火车站小孩子们抱头痛哭，舍不得分别[①]。这种情景在中国和印度、中国和苏联、中国和欧美国家之间，从来没有出现过。所以中国和日本天然有一种纠葛，除了打仗、政治、做生意之外，还有种种纠葛，一旦民间碰在一起，尤其年轻人碰一起，纠葛就越发明显了。[②]好像在1978年，"文革"才过，日本头一回送来大型工艺美术展。其时中日建交满六年，上海展览馆门口延安西路大旗杆上，升起太阳旗。老辈上海人瞧见，心惊肉跳，恨恨地

① 二战后，民间要求日中友好的呼声越来越高。1965年8月24日，首次"中日青年友好大联欢"活动在北京开始，当时中日两国尚未建交。参加联欢活动的第一批日本各界青年代表271人，计23个代表团，联欢活动于当年9月15日在上海结束。第二批日本各界青年代表139人共15个代表团于同年11月15日抵京，当时的国家领导人毛泽东、刘少奇、周恩来等接见了全部来华参加联欢活动的日本客人。

② 2008年中国汶川地震时，日本街头出现了很多民众自发设置的捐款箱。相传有一个日本的老奶奶高呼"中国加油"！令在场的中国留学生非常感动。2011年3月的日本海啸之后，冒出很多中国网友到日本论坛上用繁体中文或者蹩脚的日文喊出"日本加油"的口号。

80 年代数部日本电影和电视剧在中国内地引起轰动，其中的女主角也随之成为亿万国人喜爱的偶像明星。左上图为：中野良子，在影片《追捕》中饰演真由美；上图为：长冈辉子，在电视剧《阿信》中饰演阿信；左图为：山口百惠，在电视剧《血疑》中饰演大岛幸子。

1965 年中日青年友好大联欢邮票。

说：日本人又来了！

> 其实六十年代日本人就来过了，来的是孩子，不是太阳旗——那时我上小学，1964年？反正是战后第一批日本孩子进入中国与我们的青少年闹联欢，名义好像是什么“世界青年联欢节”。那年，距战争结束近二十载，战后的婴儿长大了，单眼皮，黑头发，被周恩来廖承志等等首脑接见过，成群结队游逛紫禁城、玄武湖、黄浦江，又是唱啊又是跳，玩儿得好开心。分手的时刻到了，我清清楚楚记得官方黑白纪录片播放了火车站告别的场面：我方戴着团徽红领巾，日方则是童花头、学生装或海军大翻领，他们依依不舍手拉手，在站台上哭成一片——六十年代中叶，咱还不是很落后，日本也没太先进，两国的孩子们哪顾得什么历史与仇恨、战胜与战败，他们以少年人的全部纯真与善良，眉眼扭歪，小嘴咧开，扯在一起哭。
>
> ——陈丹青《荒废集 · 五月日记》

日本色情业全球最人性

窦文涛：有没有想过芙蓉姐姐、凤姐跟苍井空三个人站在一个舞台上是个什么风景？咱看图片，有人在微博上记录，苍井空、芙蓉、凤姐近日同台，事后咱们两位“姐”都不约而同地对苍井空表示了鄙视。凤姐对采访的记者说，“你们去看那个妓女吧！”芙蓉姐姐在自己的微博上表示，“上海回来，偶一直在哭，偶的眼泪长流，飞机上一直长吁短叹，不管她有多么红，偶也不想跟她们划为一类”。苍井空的反应很有意思，她说，“好棒哦，可以跟中国最红的两位网络红星同台演出，不过她们长得好像都有点儿奇怪哦”。哈哈哈，看这差异性啊！空姐据说挺有境界，有人问她，你干这个工作好意思吗？空姐说，食、色、眠三欲是人最根本的，尤其是色，父母生下我们来，不也是要靠这个手段吗？为什么我们可以说吃，可以说睡，唯独对这个事情这么避讳呢？看看，空姐对自己的职业还是很有认识的。

陈丹青：日本色情业在全世界是最成熟、最人性的。

窦文涛：最人性怎么讲？

陈丹青：它不像欧美那么商业化，可能因为东方文化的不同，很天然地掺和进了人性。

查建英：你是说动真格、动真情？

陈丹青：不是这意思。她们也很敬业、很商业地在服务，但是她们很自然地夹带了很多东方人的日常经验，让人觉得舒服。

查建英：西方人都反映，揉脚是我们这儿最舒服的！

陈丹青：我觉得全世界最好的春宫画是中国人画的。中国的春宫画是画生活，一个院子、一组房子，透过窗户看进去，里面有两个人正在行房事。印度差不多也这样，但没有中国画得这么亲切。日本就比较猛了，对准亲密行为直接画。

窦文涛：有点儿像漫画。

陈丹青：欧洲和美国就不用说了，根本就是体育运动（齐笑）！

苍井空代言某网络游戏，首次做客中国内地，与凤姐、芙蓉姐姐同台上演COSPLAY秀。

中国古代春宫画对印度和日本影响很大。古印度盛行性雕刻，11 世纪前后修建的卡杰拉霍神庙群，几十座神庙的外墙和内壁都布满了形态各异的性爱雕塑。而日本著名的浮世绘是描写民间日常生活的一种艺术形式，其中有不少性的内容。与明代春宫画相比，浮世绘的内容夸大而富于幻想，对男女身体细节的描绘十分突出，有些画卷还采取连环画的形式，这在中国是十分罕见的。

查建英：也有特别幽默的，法国春宫画就很滑稽。

陈丹青：只有中国人发展出这么一套有生活气息的东西，而且影响到了日本。比如三级片中一个日常的小表情，在欧美一定会剪掉，日本却把它保留下来。欧美三级片完事以后，通常就没了，转下一个电影。而日本的三级片，完事以后男主角会帮女主角擦一擦，然后两个人裹着被子继续聊，镜头不关，就这么拍。

查建英：听起来，丹青还是挺有观摩精神的，呵呵。

窦文涛：嗯，还真别说，西方的东西感觉就是简单、直接、有效！据说在美国看脱衣舞，没有什么性别之间的暧昧，只要给钱，想看什么就看什么。

查建英：这是概念上的专业化，色情成了一种职业。美国有一部红了很多年的电影*Pretty Woman*，女主角爱上了嫖客，这个嫖客很有钱，带她去Shopping，女主角说，做这行不能亲嘴，做爱没问题，但我就像机器人一样做。说这句话的时候她看了一眼这个让她有点儿心动的男人，说“当然了，你是例外”，然后两个人都笑了。这说明她的职业界限是非常清楚的，那个时候她不会给你来一点儿温情脉脉，她只是在服务你而已。

> 爱德华：事实是，整个事情跟我是不是喜欢这个人无关，我不会让感情上的东西掺杂到生意里去的。
>
> 薇薇安：我懂，凯特一直告诫我——与人做爱别掺杂感情。这就是我不接吻的原因。就像你刚刚说的，“要使自己麻木，别让感情牵涉进去”。当我跟嫖客在一起时，我就像个机器人，我做就是了！——当然了，你是例外！

Pretty Woman 又名《风月俏佳人》，讲述年轻漂亮的妓女薇薇安与身价百万的企业巨头爱德华相遇，由性交易开始，到做情人，最后发展出真正的爱情，最终以圆满大结局收场。

——电影《风月俏佳人》台词

陈丹青：这是文化差异。日本人在服装上也很有创意，人群当中你无法辨认哪些是性工作者，哪些是所谓良家妇女，为什么呢？因为日本人正好把它错位了，女人来服务的时候会打扮成学生、家庭妇女或者公司文员的样子。

查建英：我听说有的AV里还有段小戏剧，比如在一节火车车厢里，所有的列车服务员都是AV女郎，男人进去可以乱摸，或者在特殊场景里全都是捆绑、扭扎的道具，戏做得有头有尾，很全乎。

陈丹青：不把妓女打扮得像妓女，反而打扮成良家妇女的样子，这样就显得她像是被怂恿的，然后她再穿那些超短裙、低胸衣服来满足男性性幻想。

查建英：我觉得这里头有一种东方式的腻歪。

陈丹青：东方民族是害羞的民族，尤其现在都市白领这个群体，甚至和平年代的所有男人都非常害羞。

窦文涛：对于东方人来说，西方那种硬邦邦、机械化的服务，没什么人情味儿。台湾过去受到日本文化的影响，这方面也类似，比如夜总会小姐坐台在台湾叫“制服店”，妈咪领着一个女孩子进来，在你身边坐上20分钟。20分钟之后，如果你对她没什么兴趣，小姐就走了，然后再换一拨人。如果你喜欢她，说留下吧，她就留下。

陈丹青：回避了挑选的过程。

窦文涛：回避了那种很难堪的、硬邦邦的感觉。我觉得作为一名中国人，不管老外怎么样，我的心是柔软的，哈哈哈。

陈丹青：据我所知，中国的嫖客是最粗暴无礼的，最没有教养的就是这些男人!

窦文涛: 我有一个很有趣的记忆，当年我刚到香港的时候，看报纸采访妓女，问香港嫖客和北京嫖客有什么不一样?我记得那个女孩说，香港嫖客一般不说什么话，也比较简单，给钱服务然后走人;北京嫖客不一样，完了之后，不但不给钱，反而盘腿往床上一坐，开始教育我从良(齐笑)!

日本人性格集体认真

窦文涛: 二位都去过日本，观感怎么样?

查建英: 我只去过一次，让哈日的先说吧(笑)!

陈丹青: 呵呵，日本非常好。

去年到过京都，才半天，车过之处，无数黑压压小弄堂、小街巷、小铺子，虽然全部日本风，多么像是从前的北京、从前的上海，而且人少，而且宁静，旧是旧的，到处干干净净，落后是落后的，看去自尊而自在，土是土极了，而这里正是日本本国的自家地面——此刻夕阳斜照，檐下浓荫活像六十年代，瓦上闲云活像五十年代——五十年代之前是怎样的呢，白云悠悠，我比不下去了:那时老子还没生出来。

……

> 此刻我开窗走到庭院里，沙地落叶，点上烟，伤心袭来。不必特意说什么“阴翳之美”，从前的上海、北京、苏州、杭州，有的是弄堂人家，有的是庭院杂树，即便“文革”闹起来，家给抄了，满地狼藉，清扫干净了，僻静幽暗的下午，鸡毛菜篮子里倒出来，慢慢地拣——拆了，大片大片拆了。多少市民被撵到郊外公寓，公寓不是家。我此刻仿佛回到家：别人的国，别人的家，我找到久未找到的回家的感觉。
>
> ——陈丹青《退步集续编·五月日记》

窦文涛：我那天听朋友说，他敬佩日本人的地方在于日本是个工匠国家，不管做什么的，只要他选定这一行，绝对干一行爱一行，而且做到精益求精，登峰造极。像日本 AV，不做就不做，一旦做了，真是无所不用其极啊！为什么网友们都异口同声地用“敬业”赞扬日本 AV 女优，很少用同样的赞美去说欧美模特？就因为感觉到日本人不但尽力，而且尽心（笑）！

陈丹青：我对日本的印象很简单，就是认真、恭敬，无论做人做事，到处都可以看到这种集体性格。

查建英：你不觉得这也是一种压抑吗？我听一个朋友说，坐日本的地铁，整个地铁里面鸦雀无声，他因为迟到了，打了一个电话，所有人都看着他，吓得他不敢说话。活在这样一个特别守规矩、特别整齐划一的社会里，我觉得我可能得发疯！

日本是一个工匠的国家，做事很细腻，有时近乎于烦琐。因为很长的一段时间，日本社会非常饱和、稳定。即使GDP落下来了，他们也不慌张，无所谓；首相换来换去，他们很多人也在笑，因为不管谁当首相，整个社会机制都是平稳的。如此的氛围是培养他们工匠精神非常好的精神源地，有利于做工匠的人专注地躲在自己的小世界里。日本人对事物的专注可以专注到荒诞的程度。

李泽厚先生也曾说过中国是具有工匠特质的国度，但是中国和日本不同。中国所谓的工匠是一个行业，比如说做象牙的，做雕刻的，这是跟大众分开的一种职业；而日本的工匠是民族气质，不是一个职业的特质。在日本，工匠气质是泛众的文化，几乎每一个人的细胞里面都含有这样的东西。

——毛丹青（旅日作家）

脸宽是美是丑

窦文涛：最近有个新闻，超女王贝整容死在了整形医院里。据说她是跟妈妈一块儿去的医院，死的时候她妈妈正躺在另一张整形床上。她们的整容是把脸削薄了，听说现在这是一种很普通的手术，把骨头锯下来，脸就薄了。结果小姑娘动手术的时候，血流到器官里，把自己淹死了。

查建英：天哪！这在整容手术里是小手术啊！

窦文涛：很多专家说这是普通手术，不该发生这种事。但我感兴趣的是，脸宽到底是美还是丑呢？其实不要说女孩子，哪怕像我这么丑的人，也天天关注自己的脸。我觉得长相其实是自己心理的事，比如我脸就宽，但谁在乎呢，早上我照镜子觉得脸宽一点儿，饿一顿，第二天早上好像就窄一点儿了，可实际上你们也看不出什么区别来。我觉得美丑这事儿，都是自己跟自己较劲！

查建英：现在的人都觉得脸瘦好，这是不是跟中国人和洋人打了二百年交道有关？洋人的脸比中国人窄。而中国古代的仕女图很多是大脸，环肥燕瘦，审美跟我们现在不一样。

窦文涛：我有印象，张爱玲就是个大脸，胡兰成说她“正大仙容”。不知道从什么时候开始，审美观变了。其实我也认为脸瘦了显得英俊，上电视会好看。但我记得小的时候并没有这个意识，甚至那时候的电影明星也是大脸，还记得李秀明吗？

陈丹青：记得。

窦文涛：李秀明不算小脸，包括那个年代的工农兵形象也都是大宽脸。

> 我当然亦满心里欢喜，但因为她是这样美的，我就变得只是正经起来。我抚她的脸，说道：“你的脸好大，像平原缅邈，山河浩荡。”她笑起来道：“像平原是大而平坦，这样的脸好不怕人。”她因说《水浒传》里有写宋江见玄女，我《水浒传》看过无数遍，惟有这种地方偏记不得，央她念了，却是“天然妙目，正大仙容”八个字，我一听当下默住，竟离开了刚才说话的主题，却要到翌日，我才与她

说："你就是正大仙容。"但上句我未听在心里，央她又念了一遍。

——胡兰成《今生今世》

陈丹青：美，其实是被暗示的，大量通过媒介暗示，或者众口一词，你会慢慢跟着走。1949年以后选的女明星，和改革开放以来的女明星相比，相貌是不一样的。我们现在还剩下一两张脸可以联系到李秀明那个时代，比如倪萍，倪萍的样子就很正。民国时期的演员很多是在上海的广东人，像胡蝶、阮玲玉，都是生在上海，祖籍广东。新中国成立后的电影，北方脸的出现使人们的审美发生了变化。"文革"结束到现在又进入另一个阶段，现在的章子怡、李冰冰是所谓的瓜子脸，这种脸形在"文革"时期是不会入选的。

查建英：看韩国和日本的审美潮流就很清楚，他们的现代化比我们早，审美观变化也比我们早。比如日本人化妆化得很白，我觉得可能是两种心理：第一，白代表你不晒太阳，你有钱，有点儿富贵的暗示；第二，是白种人的暗示，觉得白种人漂亮。韩国人也一样，他们不断地看西洋美女，越看越觉得自己脸盘大，越看自己越扁（笑）！

陈丹青：东方人所谓的宽脸实际上是平面的，西方人的脸是立体的，有凹凸，显得窄。

查建英：我觉得我们应该超越种族审美，有时我很感叹，我们这么一个中庸之道的文明大国最后变得这么不中庸，这么不自信了。

窦文涛：我想起韩国有个整形哲学教授——整形都哲学了，呵呵！他用电脑汇总每个民族现今最当红的、最漂亮的女明星，包括

《簪花仕女图》为唐代画家周昉所绘，是典型的唐代仕女画作。画中展现唐代贵族女性的日常生活，分“戏犬”、“慢步”、“看花”、“采花”四个情节。此局部是图卷最右部分，一位身披紫色纱衫的贵妇，手执拂尘侧身转首逗着一只摇尾吐舌的小狗。人物形象丰腴，神态安闲。反映出那个时代对女性的审美观——雍容华贵、丰腴端庄。

李秀明（1954— ），生于天津，北京电影制片厂演员。曾主演《甜蜜的事业》《今夜星光灿烂》《孔雀公主》等影片。1981年因在影片《许茂和他的女儿们》中扮演“四姑娘”获第二届中国电影金鸡奖最佳女主角奖。

倪萍（1959— ），山东青岛人，早年为演员，拍摄过电影《女兵》《山菊花》等，后调入中央电视台，连续十年主持“春节联欢晚会”，是央视迄今为止主持现场直播大型文艺晚会最多的节目主持人。

韩国整形医学教授李承哲通过对世界各国63名漂亮女艺人脸形的分析，用电脑合成出一份“标准美女脸”。中国美女脸形采用了演员巩俐、汤唯、章子怡等人作为参照。从左至右分别为黑人美女、白人美女、中国美女、日本美女和韩国美女。

咱中国的，混合了巩俐、李冰冰、范冰冰等一堆人，最后得出一个各种族目前最标准的美人像，可以看看这张照片。

陈丹青： 我觉得她们一个都不漂亮，一点儿都不漂亮，没一张是漂亮的！我特别排斥这种概念。

窦文涛： 为什么?

陈丹青： 那根本不是脸，那是数据，太可怕了。

查建英： 我记得有个朋友说，他特别喜欢某个女演员，觉得她长得特别漂亮，那女演员稍微有点儿对眼，显得特别可爱！我一听就明白了，如果这个女演员不对眼，可能还没这么打动他。其实人要有点儿缺点，才会让人动心。

中国人是更进化的美

陈丹青： 知道马克西姆餐厅的女老板去世了吗?她原来是中央美院的，叫宋怀桂，50 年代嫁了一个罗马尼亚人就出国了，生活在巴黎。改革开放后又回到中国，组织了中国第一批时装模特。她当时说过一句话，“我在西方待了这么久，最好看的还是中国姑娘，在马路上看到的北京姑娘”。我很认同她这句话，并不是因为我出国回来才觉得东方人好看，我出国之前学油画，按说在美学上应该是崇洋的，可是我一直觉得中国人很好看。而且我很早就觉得中国绘画中的女性很好看，尤其是敦煌那些画。我不说西方人难看，但中国人的好看是更进化的美。

张大千绘敦煌飞天

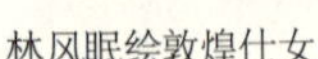

林风眠绘敦煌仕女

窦文涛：这种好看能用语言形容吗？

陈丹青：当然可以。我读过的最好的描写是杜甫的《丽人行》。当年我在波士顿博物馆，看见有八十多个日本时装模特被组织进博物馆看画。她们穿着和服、木屐，很小步地走，立刻让我想到杜甫的《丽人行》。太好看了！西洋人在她们面前跟动物一样！

三月三日天气新，长安水边多丽人。
态浓意远淑且真，肌理细腻骨肉匀。
绣罗衣裳照暮春，蹙金孔雀银麒麟。
头上何所有？翠微㔩叶垂鬓唇。
背后何所见？珠压腰衱稳称身。
就中云幕椒房亲，赐名大国虢与秦。
紫驼之峰出翠釜，水精之盘行素鳞。
犀箸厌饫久未下，鸾刀缕切空纷纶。
黄门飞鞚不动尘，御厨络绎送八珍。
箫鼓哀吟感鬼神，宾从杂遝实要津。
后来鞍马何逡巡，当轩下马入锦茵。
杨花雪落覆白苹，青鸟飞去衔红巾。
炙手可热势绝伦，慎莫近前丞相嗔。

——杜甫《丽人行》

查建英：我理解，你说的已经不是人体美了，不是说单纯肉体器官的好看。那种美是一种文化，一种仪式感。

陈丹青：但日本也有过非常崇洋的时候。

查建英：东方的美丽，尤其是中国式的美，有一种细腻、温柔的东西在里面。这也许跟我们的地理环境有关系。从大森林里走出的女性，就有一种高头大马的彪悍之美，而中国人的美与地理环境、食物以及早熟的文明是连在一起的，是整个大环境孕育出来的长相。我不愿意说东方人是最美的，但东方的美实在是一种雅致的美。可是近两百年来，我们失去了自信，失去了用自己的眼睛看自己的能力，有点儿迷失本性了。

陈丹青：这跟媒介也有关系。比如油画能不能画好中国人的样子，我到现在还是持保留意见。中国这种单线平图的仕女画是从中国人的脸弄出来的，重视的是轮廓和线条，而西方油画从文艺复兴一路过来，是重阴影、重结构、重体块的画法，拿到中国来，画跟鸡蛋一样没有多少起伏、微妙变化的脸孔，完全体现不出来！这等于说油画很委屈。影像本身跟油画视觉是相通的，要有光，而光需要对比、明暗才能出效果。所以在这样的光照下，我们不如洋人好看，我们的脸投射到这样的美学里面，肯定会自卑！但问题是，整个古代没有这个问题，一直到清朝都没有这个问题。

窦文涛：说到机器的因素，我深有同感，因为我是搞电视的，老实说外国人那种长相比较占便宜，因为他们五官大，即便是个胖脸，上镜看也比较有轮廓。东方人哪怕没那么胖，小眼睛、小鼻子，电视拉远了一看，整个就是一个面团。这也是我为什么改称喜欢小脸的原因。

陈丹青：现在还要加上商业因素。商家骗你去买他的衣服之前，一定会大规模宣传，比如把瘦或者苗条变成一种价值观，这时候已经不牵涉美不美了，人是一种自卑的动物，绝大多数人都是从众的——我政治正不正确？我穿衣正不正确？我胖瘦正不正确……媒体把审美改变了。变了以后，中国人一直不安分，一直自卑，这是心理因素。另外一大因素是中国的服装变了，开始穿洋装了。一穿上洋装，男人女人的劣势全出来了。为什么民国服装还稍微好点儿？因为长衫一盖全遮掩掉了。女人穿旗袍，木心先生讲过一句话，“无遗而大有遗”，看上去什么肩、腰、臀都笼在里头，非常的中国，既性感又含蓄。

> 旗袍并非在于曲线毕露，倒是简化了胴体的繁缛起伏，贴身而不贴肉，无遗而大有遗，如此才能坐下来嫣然百媚，走动时微飔相随，站住了亭亭玉立，好处正在于纯净、婉约、刊落庸琐。以蓝布、阴士林布做旗袍最有逸致。清灵朴茂，表里如一，家居劬劳务实，出客神情散朗，这种幽雅贤惠干练的中国女性风格，恰恰是与旗袍的没落而同消失。蓝布旗袍的天然的母亲感、姊妹感，是当年洋场尘焰中唯一的慈凉襟怀——近恶的浮华终于过去了，近善的粹华也过去了。
>
> ——木心《上海赋 · 只识衣衫不识人》

查建英：可是如果旗袍不改良，它和现代的生活方式会不协调。

陈丹青：这是女权问题，是女性角色进入工作之后的问题。自从中国人开始穿洋人衣服以后又多了一重自卑，表面看起来好像我们都西化了，但你看那些男明星，往台上一站，肌肉再好，身坯再大，跟普通洋人一比，一下就看出来了——头和身体比例不一样，咱们是平的、扁的，头大身小。

窦文涛：没错，我穿西装就很苦恼。我穿所有的西装都是上身长，下身短，穿得不如外国人顺溜儿。

陈丹青：我们自给自足的美的系统丧失了。

查建英：是有得有失。我们在受到伤害的同时，在自信丧失的同时，其实也获得了很多东西。比如我就真不希望生在一个只能穿旗袍的时代，我不是贬低旗袍之美啊，我是说如果我愿意我可以穿旗袍，也可以穿大裙子、大马裤。

陈丹青：民国可以，你穿什么都可以。

查建英：所以如果再造民国，绝不是说要回到原来那个把中国传统文化变成唯一的、最高的年代。

陈丹青：民国绝不是只有传统文化，民国好是因为西来的东西和传统的东西正好在一个合度的情况下融合了。

查建英：但是它很脆弱，它被击败不是没有道理的。

陈丹青：不，它没有被打败，它是被中断了。比如日本，日本经济现在刚走出低谷，一方面它经历过非常自卑的崇洋阶段；另一方面亚洲终于有一个国家在透彻地西化以后，在无数微妙的细节上仍保留了传统。日本人不拒绝西装，但马路上随时可以看到穿和服的人。各种礼仪就不用说了，没有被摧毁。可是它也承认现代化，承认咱得跟着世界潮流走，但是先得了解我是怎样一张脸，我的身体是什么样的，我没见过比日本人更会打扮的东方人，他们做的西装比西方还时尚。

窦文涛：现在很多小个子朋友穿的都是日本西装，他们试来试去，最后发现这是最适合咱亚洲人穿的。这就是“古为今用”、“西为中用”的问题。你可以引进，但到最后你还是得琢磨，你的种族、你的文化怎么样才更美。

> 中国目前是在“刻意地”闹“国学热”，因为过去一百多年，我们制造了巨大的文化断层。日本没有断层，他们并不刻意延续“自身文化”。一个日本女孩穿套和服在街上走，没人奇怪，中国男子要是穿件汉服上街，路人会以为那是个古装连续剧演员，或干脆是个疯子。
>
> ——陈丹青《荒废集·漫谈普拉多美术馆珍藏展来华》

把电视剧当资讯看

窦文涛：丹青兄听说你当年在美国的时候，看了大量中国电视剧——

陈丹青：至少看了两三千集吧。

查建英：我当初在纽约认识你就知道你白天到曼哈顿画室画画，晚上回到皇后区家里，吃过晚饭就坐在那儿看一晚上电视剧。

陈丹青：1990 年我母亲到纽约来，老人因为言语不通，我就去租了些中国影视剧的碟给她看。我记得第一个就是《渴望》，结果我自己也看进去了，没停过。一直到 2000 年回国，持续看了十年左右。

查建英：一说《渴望》我还真有点儿亲切感，《渴望》也是我看过的第一部 90 年代的中国电视剧，我发表的第一篇英文文章就是写

《渴望》的。那片子是个转机，是很重要的文化事件。后来我回北京认识了扮演刘慧芳的凯丽，觉得特别亲切。

陈丹青：接着就是《编辑部的故事》，然后是《过把瘾》《我爱我家》……太多了。

查建英：我觉得过去二十年来中国电视剧的进步要比电影大得多。

窦文涛：现在大家都说中国电影走到邪路上去了，但电视剧好像还好。最近我跟中了毒瘾似的，连续看了三天三夜《黎明之前》[①]，觉得比《潜伏》还好看。《潜伏》基本上在房子里，这部稍微有了些规模。那天他们讲，根据最近电视剧披露的史料，共产党打败国民党主要靠地下党。看了《黎明之前》我明白了，重要的是电视剧里的人性，阴谋中反映出的人性，感情绝处逢生，这些东西是永恒的，最吸引人。而且我能很明显地感觉到中国电视剧在跟美剧学习，比如节奏加快，故布疑阵，每两三分钟留一个悬念等。我看一些国产电视剧，会觉得编剧比观众聪明；有时候看电影，反而觉得编剧还不如观众聪明呢。

查建英：是，好多电影导演都在说没有好剧本。

陈丹青：电视剧剧本常常是一个群体在创作，这个群体是靠做活儿做出来的，市场竞争激烈，谁不行就换谁，所以有竞争的同时也有利益。事情就是这样，只要有市场化就会弄得好，中国电影还

① 谍战电视剧《黎明之前》在2010年岁末登陆北京、东方、深圳等卫视，引发追看狂潮。故事发生在1948年的上海，一份中共地下党名单被递交到国民党军情第八局局长谭忠恕的办公桌上，供出名单的犯人被安排住进了和平饭店，等候谭忠恕读过口供后再做指示。此人自称还有更为重大的机密，只能面告谭忠恕——他能指认一个人，一个隐藏在第八局多年的中共特工……

没到这个地步。

查建英：从《渴望》开始就是一个团队在写剧本，一堆人在一起侃，不像电影剧本，可能到现在还是个人在创作。

陈丹青：那会儿好厉害！王朔刚出来，主宰了中国影视剧七八年。那时候最精彩的电视剧不是他写的就是他介入的，90 年代王朔太重要了！后来我在纽约碰到他，我说谢谢你，你的每个剧我都看。

窦文涛：当时看电视剧对你起了什么作用呢？因为纽约离中国太远，所以要找回一点儿中国的感觉吗？

陈丹青：在国外会想念中国。那时候我在美国待了快十年，从来没回来过。另外我也把电视剧当资讯读，因为中国一直在变化，我出去了一二十年，如果中国还跟我走的时候差不多，电视连续剧就不会给我那么多兴奋感。问题是中国一直在变，一看电视，哎哟，中国原来是这么回事！所以我把它当资讯看。我几乎不批评电视连续剧，也很少批评电影——

窦文涛：为什么？

陈丹青：电影太难了，好不容易弄出来两小时，你一句话就给骂掉了！我觉得不好我不看就是了。把看电视剧当作“怀乡”，了解一下中国资讯就行，如果它能满足我这些要求，我就会看下去，如果不好我就不看，很简单！

整体而言，我不喜欢第五代电影，可是平心而论，几位著名的第五代导演，包括李少红，九十年代迄今全都付出顽强的挣扎，单是论活儿，做得比出道时好多了。虽然我没看新版《红楼梦》，我绝对相信李少红豁出性命在做。挨骂最多最惨，无过于张艺谋，我与他因奥运会开幕式有过接触，发现他很敬业，很拼命。可有什么用呢，一出头就挨骂，没有比骂一个导演更容易的事了……我一点儿不觉得中国影视作品有多好，但有教养的观众不是只会叫骂的一群。欧美影视好，先是人家的观众有教养，人家的文化人，真的有文化。

——陈丹青接受采访《是谁毁了新〈红楼〉》

手卷画是古代的电影

窦文涛：现在有时候我都不大愿意看书了，就希望他们老老实实拍点儿好电影看，比如“托尔斯泰传”之类的。以前有一部讲达尔文的电影，看上两小时，基本上就能对达尔文有所了解。

陈丹青：文学正在被电视连续剧所取代。我过去在长篇小说里享受的一路读下去的快乐，现在全搁连续剧里了。我也看美剧，美剧太了不起了！过去狄更斯、司汤达、巴尔扎克、托尔斯泰等人写的长篇小说中最抓人的东西，现在全被美剧拿过去了。

查建英：美剧实际上是过去的章回小说，还加上了演员、布景、造型。这样一来小说当然打不过它。但我还是要为小说说句话，我觉得小说最擅长的其实是心理描写，这些应该还没被电视剧夺走吧。

陈丹青：可是照本雅明的说法，小说实际上又灭了另外一种更源远流长的艺术——说故事的艺术。小说起来的时候，取代的是讲故事的传统，本雅明认为口口相传是更古老的一种传统，比如柳敬亭讲《水浒》。等到话本小说一起来，讲故事的传统便慢慢没落了，最后流到民间。这也是没办法的事，不是孰优孰劣的问题，而是传播方式在改变。

窦文涛：唐诗、宋词也是一代代新的取代旧的。

陈丹青：为什么中国人这么喜欢看电视连续剧？可能跟过去的传统有关系：第一，中国有漫长的说书传统；第二，中国有手绘故事的传统，最早可以追溯到手卷画①。

手卷画是全世界都没有的一种画，靠展开一点儿一点儿画面移动着看，有很强的叙述感，这样的画作大部分人熟悉的是《清明上河图》。清代的手卷画保留最完整，现在故宫里还有收藏，取材于乾隆下江南的故事，展开了整个苏州的生活画卷。当时的宫廷画师画手卷画就相当于今天的纪录片，那是当时的传播媒介。所以中国人对展开的、长时段的、不断变化的形象很早就有渊源。

窦文涛：说得好！我深有体会，西方的油画是空间的，不管多大的画，让人一下子全部看见。但中国的《富春山居图》——我买过复制品，搁家里地板上看，他们说不是这么看的（笑）！确实，中国古代也没有那么长的案子。这幅画讲的是峰回路转，山重水复疑

① 手卷画是书画作品中横幅比较长的形式，一般短的有一两米，长的有二十多米。因为不便于悬挂，只便于边展开、边欣赏、边卷合。手卷画主要是供文人雅士私人交谊时于案头展赏之用，往往有“于咫尺之间，展千里之外”的功效。传统的手卷画往往采取“散点透视法”组织画面。视点分布在画面的上下左右，随处皆有，没有一个固定的视点，这就使得画面长而不冗、繁而不乱，严密紧凑，如一气呵成。

无路，柳暗花明又一村，是个时间的流程。

陈丹青：那是古代的电影。英国有个画家迷恋中国的手卷画，高度赞美说，没有一种文明发展出这样自觉的艺术，这么早就解决了同时观看和瞬时观看的问题，解决了全景观的问题，解决了眼睛的好奇心……

中国“长卷画”不能简单看作连环画，但与连环画功能一样，是为了叙述。“长卷画”是中国人独一的创造，西方没有。西方绘画是截取一景，将众多人物的行动纳入其间。中国绘画时间空间的概念是展开的，流动的，山水长卷、人物长卷，像是电影的长镜头、摇镜头，景别变动中，同一人物一再出现，如韩熙载就在画中出现几次，宋人李唐的《晋文公复国图》，主人公重耳在每一场景中奔波。到了《清明上河图》和清代的《乾隆皇帝下江南图》，真是大型纪录片了。

——陈丹青《荒废集·绘画与讯息》

窦文涛：说到读画，西方的艺术家会不会提出这个问题，难道你们不看全貌吗？比如《富春山居图》，难道你们不要一览全貌，只是一点儿一点儿地看吗？

陈丹青：最早的手卷画《女史箴图》，那在当时起的是教育功能，专门教导宫廷妇女怎么装扮，怎么谈吐，怎么做人，而且上面写有警句和非常美的词语、故事，一路看下来很有训诫意义。中国很多春宫画也是手卷画，富于变化，从认识开始，到调情，到欢爱，

《富春山居图》为元朝画家黄公望传世作品，全画以富春江为背景，用墨淡雅，秀润沧桑，被誉为“画中之兰亭”，是中国山水画的巅峰杰作。明朝末年传到收藏家吴洪裕手中，他因极爱此画，临死前下令焚烧殉葬，幸得其子侄火中抢救，但画已被烧成两段。前段较小，称“剩山图”，现藏于浙江省博物馆；后段较长，称“无用师卷”，现藏于台北“故宫博物院”。几百年来，这幅画因辗转流失而充满了传奇色彩。

《女史箴图》为东晋顾恺之绘画作品，原作已佚。现存唐代摹本，原有十二段，仅剩九段，绢本，设色，纵 24.8 厘米、横 348.2 厘米，藏于大英博物馆。公元 290 年，晋武帝司马炎死后，儿子司马衷即位，史称晋惠帝。晋惠帝昏庸无能，大权尽落皇后贾氏之手，引起朝中众臣不满。西晋张华收集历史上各代先贤圣女的事迹，写成《女史箴》，以示劝诫和警示。其后画家顾恺之根据文章分段配画，以画面形象提示了箴文的含义。

然后到吃东西。所以中国的绘画连续剧有源远流长的传统，从魏晋算起来的话，有一千四五百年历史了，哪个国家的绘画文明有这玩意儿？没有。西方文化下发展出的电影跟他们的观看传统也有关系，就是真实，如其所是地观看，然后忠实再现，弄出取景框，最后发明了电影。在这个观看传统里，逻辑地走出了我们后来知道的摄影。可中国是另一种观看传统，它更早地解决了人类的好奇心，是移步观景的线形故事结构。

查建英：印度的口头文学传统也很长，但它仅仅停留在口头。我们这儿有视觉的画，也有文字记录，我们的历史就是最主要的线索。

敦煌壁画是宗教连续剧

陈丹青：1949 年之后中国最了不起的艺术，一个是连环画，一个就是连续剧。但是影视一起来，连环画就没落了。连环画在清末民初时正好碰上书刊、报纸发达的时候，又经过民国的酝酿，一直延续到新中国成立后。新中国成立后，连环画可以继续服务工农大众，所以产生了一大批连环画家，国家也尊重这种艺术形式。如果今天中国还是一个封闭社会，影视没有这么发达的话，连环画还会一代代发展到今天。80 年代中国刚有电视连续剧的时候，还很幼稚，但它有一种规模发展，比如《四世同堂》《红楼梦》等片子上演的时候万人争睹，说明这个市场之大，老百姓之爱看。90 年代就百花齐放，进入一个爆炸的阶段。现在又不太一样了。我回国之后基本不看连续剧，因为满大街都是，泛滥了，也就没兴致看了。但偶尔看一点儿后发现，现在连续剧的制作成本开始提高了，因为它把自己当成电影来拍，开始讲究影像的质量，甚至有点儿过分讲究了。当然，导致电视剧泛滥的另一个原因是这个行业里集中了一大批名头还没上来，暂时还没有能力和资格当导演的人。按他们的资历应该拿不到投资，但他们拿到了，于是乎一窝蜂地投入电视剧里，直接拉动了电视剧的红火。

窦文涛：照你说，现在拍电视剧不就跟拍电影一样了吗？

陈丹青：确实如此啊。这也是美国好莱坞、百老汇的传统，这种传统其实是鼓励视觉文化的，连文学和话剧也鼓励视觉营造，这就使得电视剧产业快速发展起来。

查建英：美国是视觉文化，无论哪个种类都很发达，连脱口秀也是。

陈丹青：他们的视觉文化本身很多元，又没有断层，人才传递又从来没有歇过火，所以才那么发达。

窦文涛：中国人说书也带有很强的视觉痕迹，说书其实是从讲经开始的，用很通俗的白话把佛经的奥义讲出来。有时候就是看图说话，前面有个人说，后面有个人翻动画页，前面的人说一节，后面的人翻一页。

陈丹青：这让我想起敦煌。敦煌就是当时的一个大型连续剧片场，可以用来进行阶级教育、思想教育和宗教教育（笑）。你去过敦煌吗？

窦文涛：还没去过。

陈丹青： 中国人用绘画来作教化的传统历时已久。我在基督教里也看过一些连续雕塑和连续绘画，但它从来没有变成像中国手卷画那样具有连续性的传统，自然也没有洞窟艺术。

查建英： 它们讲点儿故事也就是几幅画而已，没那么长！

窦文涛： 中国壁画是整个的连续故事，这也是中国人讲究连续性的一种表现，我们的传统非常讲究连续性，比如祖先信仰，就是这样一代代积累下来的。

> “艺术就是谎言”，好比《圣经》故事画成画、拍成电影，很好看，但是多少人看这些故事，多少人真的信教，不见得。可是你听听宗教音乐，多动人！我到敦煌去看画，非常感动，但我不信佛。我感动，因为这是人家真心真意做的艺术，真心诚意的作品，不管什么内容，都会打动人。
>
> ——陈丹青《荒废集 · 访谈杂录》

雅俗之间用不着互相攀附

窦文涛： 但是，这么讲究连续性的一种文化，近百年来为什么断裂了呢？

查建英： 这不就是学者们常唠叨的“断层”嘛。西方文化进来以后，我们自己的文化发生了一种革命性变化，很多人嚷嚷着要敦煌壁画包括敦煌莫高窟、西千佛洞、安西榆林窟等 552 个石窟中的五万多平方米壁画，内容包括各种佛菩萨像、佛经故事、供养人画像等。有些壁画故事传奇，颇富戏剧性。

打破传统，重新再造文明。这个时期从“五四”起，有不少年了吧。

陈丹青：当时进来的西方文化是高雅文化，油画、交响乐、芭蕾舞、电影等，流行文化和市民文化这一路却很受排挤，也就在上海还比较受欢迎。

查建英：鸳鸯蝴蝶派？

陈丹青：对，就是张恨水那一路。当时上海的文学是多元的，有张恨水那一路，也有鲁迅和左翼那一路，还有实验文学一路。只不过后来只剩下一个为工农服务的传统了。其实这是一种雅文化，是贵族的艺术，在斯大林那边也是这样。正是这种雅文化扼杀了市场和流行那一路，一个直接结果是（20 世纪）80 年代的文化人都还顺着雅文化这条路走，玩实验小说、现代诗什么的，流行文化其实没怎么进来，除了邓丽君和有限的香港文化。到了 90 年代，王朔他们起来了，流行文化才算开始弄起来，什么通俗剧、连续剧都开始火了。这样一来，雅文化就扛不住了，开始流失了。

窦文涛：80 年代那会儿，诗人是最活跃的！我听他们讲当时的盛况，顾城就跟今天的刘德华一样，粉丝见了都能把你撕扒了。要搁现在，一个诗人怎么会有这么多粉丝！

陈丹青：这就是中国的情况，要么全是雅的，要么全是俗的，其实不好！先进国家是平衡的状况，什么都有，现代诗在念，小沈阳也有，各有各的观众，大众和小众。

窦文涛：蛇有蛇路，鼠有鼠路（笑）。我们这儿总是会变成不是东风压倒西方，就是西方压倒东风！

查建英：我觉得 80 年代很奇怪，大家封闭了这些年，对旧的艺术形态厌倦之后，才把西方的雅文化拿进来，形成一大冲击。90 年代一直到现在，反而更杂糅了。你看现在有人拍电视剧，也有人拍小众电影，还有人写小说，也有写诗的，自己还印刊物，虽然没有顾城那个场面，但他们自己互相捧！

陈丹青：这是应该的。

窦文涛：有些人心理就不平衡，有的导演很受伤，觉得得拍出一个雅俗共赏的电影来，叫好又叫座，还能显得咱是艺术家，老百姓却不买账……这种电影往往失败在票房上。

陈丹青：他们还停留在过去单一文化留下来的权力记忆中。“文革”时候，包括五六十年代的电影真是叫好又叫座！

查建英：其实雅俗共赏还是可以有的。

窦文涛：我觉得难，其实雅俗之间根本用不着互相攀附，现在的情况是俗的行业希望自己雅，雅的行业希望自己能够征服俗……

不是没有做文化的人，现在所谓“文化人”比以前多得多了。作家画家是以前的至少十倍。但不自由。外部、内心，都不自由。比如拍电影，能像好莱坞那样彻底交给市场吗？好莱坞有鬼怪片、三级片，我们很多类型片都没有。同时也没有真正的严肃片、文艺片、社会片。即使有，也非常脆弱、贫薄、狭窄。

——陈丹青《荒废集·访谈杂录》

锵锵三人行·跟陈丹青聊天

艺术抛弃官样文章

Chapter 6

我非常肯定后来一些年轻人干的事，他们终于摆脱了我们身上一个话语习惯——抛弃了宏大叙事，个人主义开始出现。

老的吃年轻的，一代压一代，这个传统太长了。让你成熟的那个社会机制，没有！

大锅饭没了，西方的恶性竞争来了。竞争的游戏规则还没有建立，只是一个竞争，一个淘汰，非常不安。

窦文涛：丹青兄、索拉姐真是一对搭档，都是艺术家，当年在纽约遇上，现在又回了北京。如今北京艺术家成堆啊，天天有很多展览。最近“星星画会”和“八五运动”两个大展在北京今日美术馆和 798 尤伦斯当代艺术中心开幕，我看媒体报道丹青兄又放狂言了，说什么“星星这帮老土匪，八五这伙白眼狼”（笑）。这是土匪黑话吧！

陈丹青：这就是被媒体夸张的后果。为什么说“老土匪”呢？土匪都在野，而“八五运动”的成员基本上都是学院里的，国家培养了你，你却来反学院，所以是“白眼狼”（笑）。

窦文涛：忘恩负义？

陈丹青：对，这两拨人，一个在野，一个在学院，在（20 世纪）70 年代末到 80 年代中期打开了一个缺口，从此中国官方的美术界可以说就不存在了。我不是这些群体里的，但我目击了整个情况的发生。“星星画会”在 1979 年产生，当时改革开放还没开始，这段时期我称之为“良性的混乱”，压抑太久了，需要表达，而艺术家又最敏感，所以“星星画展”团体，在文艺上打开了一个缺口——在野的人要表达，他们有话要说。这件事迅速在社会上引起巨大的反响。而“八五运动”起来的时候，改革开放已经开始了，国外信息开始大量涌进来，学院这批人有些还在念书，有些已经毕业。有些年轻的激进教师看了大量的西方信息以后，他们有个自觉，就是我们应该有现代艺术，认为中国应该进入现代艺术，表达我们自己的感受。

窦文涛：那时候我记得有个什么人在现代艺术展上开枪。

陈丹青：对，就是在“中国现代艺术展”上。“八五运动”的高潮是1989年2月的“中国现代艺术展”，正好是星星画展十年之后，这十年里中国最敏感、最大胆的一群艺术家开始打破缺口，中国从此有了现代艺术——现在叫“当代艺术”，在从前单一、陈腐的文艺教条之外，现代艺术的空间越拱越大，年轻人的介入也越来越多。当然态度很激进，这都正常。

从宏大叙事到个人主义

窦文涛：我记得查建英跟我讲过当时的气氛，她跟另一个女大学生冒着寒风穿巷过街，走到一个小胡同，一群人在一个人家里朗诵诗歌，整晚上都在干这个。

刘索拉：1971年我第一次接触这帮人。那时候非常仰望他们，他们写现代诗，创作现代画，居然还模仿高更的风格、野兽派的风格。

窦文涛：那时候女孩喜欢诗人，喜欢画家。

刘索拉：不敢喜欢，不敢想（笑）。

陈丹青：当时北京的高干文艺子弟在“文革”中就能听披头士，

听猫王，看《第二十二条军规》《麦田里的守望者》。北京胡同里的一些文艺子弟也开始接触二战以后的西方艺术信息，但非常有限。1978 年以后，整个国家峰回路转，气候对了，这些人很快就翻到地面上来了，社会民众也介入进来，气氛非常热烈。此后就再也没有这种现象了，民众不再介入现代艺术。

那时国家初度浩劫，百事待兴。文化废墟走出两群人，以两种方式向两种方向凝聚，并日渐分殊：一是学院再度成为学院，由“文革”的恶性混乱重归秩序；一是学院门墙外渴望表达的人，趁“文革”后的良性混乱，迅即寻求表达。

——陈丹青《荒废集·仍然在野》

窦文涛：那时候你们脑子里在想什么？忧国忧民还是时代责任在肩？

陈丹青：我们的人格基因基本上动不动就是“天下大事、国家兴亡”这些。

刘索拉：那是你，丹青！我不是（笑）！

陈丹青：你跟我岁数相差不大，但算是两代人。我是知青一代，知青就喜欢宏大叙事，这个很要命，很难改掉。我非常肯定后来一些年轻人干的事儿，他们终于摆脱了我们这代人身上一个话语习惯，抛弃了宏大叙事，个人主义开始出现。这大概是从 90 年代，甚至 70 后用身体写作之后才慢慢出现。

刘索拉：星星画会的人，我们到现在还是像粉丝一样看他们。

那时候个人主义开始了，比如我小时候看到的那些模仿野兽派或现代派的画，就是个人主义的发泄，但那是小孩子式的个人主义。

陈丹青：而且表达方式还非常政治化，他也必须政治化。

刘索拉：有政治因素，但不是所有人都如此。那时候星星画会影响了北京一群小孩，除了后来被记录进史册的以外，还有一大批可能没有名字的人，他们使北京形成了一种风气——大家都在家画画，我还有画箱、油画板呢。大街上提着油画箱、背着帆布画夹是一种风潮，到家以后有人弹吉他，有人画画，变成了一种生活方式。

窦文涛：你说的就是我哥！我小时候就崇拜我哥整天玩这个，骑自行车、背画夹、弹吉他。

连“不相信”都不相信

刘索拉：那时候也没有目的，因为我们没有任何希望，没有前途，我们也不担负时代的重任，所以我们没目的。我那种所谓“无目的生存方式”就是那时候养成的，我的生活没有目的，从小就这样，到现在还这样。

陈丹青：你是个人主义的先驱，呵呵。

刘索拉：我知道这种个人主义跟你有区别（笑）！我当时年龄小，没去插队。有人问我，你怎么回来了？我说，逃回来的。说的时候特骄傲，我可以不去，我可以逃回来，去他 × 的，没工作就没工作，挺好的。我的个人主义意识从那时候开始形成。

窦文涛：你说你是个人主义，我比你再晚点儿，我是虚无主义。1976年粉碎“四人帮”的时候我才九岁，我的血没有你们那么热乎。那会儿小孩每个礼拜都游行，喊口号“打倒四人帮”，为什么打倒根本就不懂。后来北岛写诗说“我不相信”，可是像我们是连“不相信”都不相信，对不懂的东西你不可能相信！所以到现在，凡是说大话的，跟我这儿忧国忧民的，我心里就有种怀疑或者冷漠，自觉闪他远点儿。当然我在丹青兄身上也感受到一点儿80年代的东西，好家伙，爱指点江山，激扬文字。像丹青兄也在访谈里说，好像骨子里已经被塑造成那样的人，有那种悲剧感、正气凛然的东西。

刘索拉：丹青是挺正气凛然的。

卑鄙是卑鄙者的通行证，
高尚是高尚者的墓志铭，
看吧，在那镀金的天空中，
飘满了死者弯曲的倒影。

冰川纪过去了，
为什么到处都是冰凌？
好望角发现了，
为什么死海里千帆相竞？

我来到这个世界上，

只带着纸、绳索和身影，
为了在审判之前，
宣读那些被判决的声音。

告诉你吧，世界，
我——不——相——信！
纵使你脚下有一千名挑战者，
那就把我算作第一千零一名。

我不相信天是蓝的，
我不相信雷的回声，
我不相信梦是假的，
我不相信死无报应。

如果海洋注定要决堤，
就让所有的苦水都注入我心中，
如果陆地注定要上升，
就让人类重新选择生存的峰顶。

新的转机和闪闪星斗，
正在缀满没有遮拦的天空。
那是五千年的象形文字，
那是未来人们凝视的眼睛。

——北岛《我不相信》

窦文涛：80 年代的时候你不是已经去美国了吗，但是为什么今天你又说“星星这帮老土匪，八五这伙白眼狼”两个展览很重要，要去看一看？

陈丹青：现在的年轻人其实不太清楚，之所以有今天这样的空间，跟当年那两拨人的影响是分不开的。今天当代艺术、摇滚乐、流行音乐的空间越来越大，大家很理所当然地接受这个状况，但你要知道，在 70 年代末 80 年代初的时候，是经过很多人努力才让今天这种空间成为可能！

窦文涛：所以你说他们是“土匪”、“白眼狼”不是骂人的话？

陈丹青：当然不是骂人的话。我是站在官方立场上讲他们是“土匪”、“白眼狼”。现在有三份名单，一份是西方名单，由西方人挑选出来的当代艺术名单，谁是第一流谁是第二流；另一份是一个漫长的老名单，从 1949 年下来，谁是名家谁是大师；现在又冒出来第三份名单是拍卖行提供的名单，这里头很杂，活人有死人也有，在朝的有在野的也有，当代艺术有传统的古代的都有。那么，你认哪份名单？三份名单加起来是不是就可以代表中国当代美术？这是一个还待争论的问题。

窦文涛：那这两次展览属于哪个名单？

陈丹青：这两次展览都是非体制性的，两拨人一拨从来没有进入过体制，一拨是体制内的激进派。他们要进入现代艺术，要进入世界的格局。事实上“八五运动”弄成了，被肯定为整个世界当代艺术范围内的中国部分。此前世界现代艺术的集体照里，你根本看不到中国人的脸。

八五运动不是草寇运动，初也混杂、幼稚，继之彼此不服，事后争功，但参与者大致是学院师生和部分开明的美术党官；论起事的条件、规模、理论和目标，则八五运动远远超越在野群体，后者只管叫嚣，没理论，豁出去再说。终于八五运动开花结果，“走向世界”，在野群体闹了两三年便即息鼓四散，其中几位主角出国，是为涉外的婚姻。

不论“星星”还是八五运动，近三十年来各路闯祸胚子的暧昧空间与真正后援，来自“境外”，区别只在声援的方式与规模。1982年，著名星星女画家李爽刑满出狱随法国夫婿飞临巴黎，法国人在机场盛大欢迎：那场婚姻惊动了良乡监狱，也惊动了当时的法国总统和邓小平谈判。2007年，则“尤伦斯当代艺术中心”在中国的公开设立，是为西洋人就近拨弄中国艺术的大手笔，而八五运动的几位“元老”，早已在西方体制名单中各占一席。

——陈丹青《荒废集·仍然在野》

刘索拉：但我有一个担心，我觉得在中国有这样一种倾向，无论美术还是别的行业，特别容易陷入一种误区，即评价某项作品的好坏特别容易以历史的评价或西方的评价为标准，而不是从作品本身出发。中国有很多好的艺术家，媒体很少提到，他们本人也是隐士，从来不出现，比如我们的好朋友刘丹，他简直太棒了，但他从来不在媒体上出现，他是超越文献的。

陈丹青：刘丹在西方受到高度肯定。

刘索拉：但他们可能不会把他放在目前某个潮流中或某份名单里。

陈丹青：这就是艺术界诡谲的地方。不管是西方名单还是本土名单，各有各的理由，各有各的游戏规则和价值观。当然中国终于可以接受有几套名单在，这本身是件好事，但这不等于多元，还有很长一段时间的路要走。当然我们不要轻易说“西方霸权”这句话，这是一种弱者心态，咱们入世贸组织，举办奥运会，跟整个世界一块玩——也可以说是跟他们合作。这是它的一个套，它希望你进来，大家一起玩，不要以为这就是我们自己的运动，这其实是一个里应外合的运动。老提“西方霸权”是心态有问题。

到今天这一步我很被动

窦文涛：我听你们讲（20世纪）80年代艺术，真是恍如隔世啊。我没赶上那会儿，可眼下是个什么年代呢？当年说老百姓都去朗诵诗歌，今天又是什么样子？

陈丹青：今天很难定义，很难说清楚这个时代。

刘索拉：我这个人主义者的看法永远是这样的——过！一天天往下过，你是画画的你就画画！你做媒体的要说话你就说！我们今天想做一件事就往下做！绝对不给当事人下定义，也不给我们的时代定义。如果你一直活在给自己下定义的感觉里，你就没法往下活。

陈丹青： 今天这个时代最有意思的是它很暧昧，四不像！但好玩就好玩在这儿。

窦文涛： 有人说这个时代人文价值彻底失落了，全是消费、橱窗、拜金主义，终极探索已经没人聊了。

刘索拉： 如果去看以前的书，无论中国的还是外国的，所有知识分子都在抨击他们当时那个时代。

窦文涛： 丹青兄就很典型（笑）！

刘索拉： 知识分子本性如此。你看30年代知识分子写的东西，再看六七十年代知识分子写的东西，都在抨击自己所处的时代。每一个时代的知识分子都会抨击当时的时代，而且认为当时的时代是暧昧的。所以今天我们也可以批评现状，但我们无法对今天是个什么时代下定义，因为你要再活十年以后才能说前面十年是怎么回事儿。你只能解决当下的问题。

窦文涛： 当下丹青老师正在写书，成畅销书作家了。但是你的画呢？

陈丹青： 画画是我私人爱好，我喜欢就画，我没有欲望去办个展览，向大家证明我还在画画。这是我自己的事情。

窦文涛： 知道现在有人怎么解读你吗？台湾一个艺评人写了本书，说老一代的画家都脏乎乎的，工作服上是油彩，画室里也不干净；而现在的艺术家只知道制造媒体事件，甚至写书、出名。我还听见有人说你现在到处访谈、媒体露面、写书是炒作名气。

刘索拉： 我替丹青说两句吧。丹青的画功底特别好，我那本《语音画》小书里写了一些美术界的朋友，其中挑了丹青几幅画，

《西藏组画》是陈丹青于1979年至1980年在西藏拉萨完成的一组画，共七幅，包括《母与子》《进城》之一、之二，《康巴汉子》《朝圣》《牧羊人》《洗发女》，所描绘的场景在当时令人耳目一新——都是一些毫无戏剧性或文学主题性的普通生活场景。在绘画风格上开始摆脱俄罗斯—苏联油画的影响，追求用传统西欧油画的写实手法来表达对生活的感悟，其艺术思想对中国当代油画产生了深远的影响。图为《西藏组画》之《康巴汉子》。

包括《西藏组画》。他画的人，眼睛里和脸上总是有一种特别的感觉。

> 我想让人看看在遥远高原上有着如此强悍粗犷的生命，如果你看见过康巴一带的牧人，你一定会感到那才叫真正的汉子。我每天在街上见到他们成群地站着，交换装饰品或出卖酥油。他们目光炯炯，前额厚实，盘起的发辫和垂挂的佩带走路时晃动着，沉甸甸的步伐英武稳重，真是威风凛凛，让人羡慕。他们浑身上下都是绘画的好对象，我找到一个单刀直入的语言；他们站着，这就是一幅画。
>
> ——陈丹青

陈丹青：自从回国以后出书，我被媒体找来找去，批评一直没有断过。他们都说，“这哥们儿完蛋了！到处作秀，建立知名度！”在他们看来，这是我计划的一部分，是我的策略。但我弄到今天这地步是非常被动的！没关系，他们愿意怎么说就怎么说吧。

窦文涛：摸着石头过河（笑）。

陈丹青：我连摸都没摸，但我也接受了。我接受质疑、谩骂，没关系的！

窦文涛：那你现在画画还开心吗?

陈丹青：当然开心，就像索拉做音乐一样，肯定很开心。

窦文涛：你们俩本来一个弄绘画，一个搞音乐，现在共同的身份是作家。

陈丹青： 索拉是老作家，80 年代就是“作协”的。

刘索拉：（笑）现在还有作协啊？

陈丹青： 当然有，80 后都已经入作协了！

窦文涛： 你们是怎么认识的？

陈丹青： 我喜欢她很久了（笑）。1982 年我出国的时候还不知道有个刘索拉。到 1984 还是 1985 年突然在美国报纸上看到一张刘索拉的照片，戴个军帽，非常漂亮，一看就是一个非常前卫的女子。而且她不是因为打扮才好看的，她自己长得就好看。

窦文涛： 索拉，丹青夸你漂亮，高兴吗？

刘索拉： 这辈子我听太多人夸我了，麻木了，哈哈哈！

陈丹青： 不老实（笑）。

窦文涛： 说你胖就你喘（齐笑）！

先前哪想到回国会来教书呢？结果辞职走掉；更不料此事演变成社会话题，从此好像欠了前世的债，给舆论逼成“批评专业户”——为什么我要和当今教育过不去？因为糟蹋青苗、贻误将来。为什么我要指骂城市建设？因为摧毁记忆、人心迷失。但眼前的情境何其真实而庞大无边，这样子叫嚣，反倒如我诅咒的事物，无一例外地使诅咒者施行自我的毒害。那真是我该做的事情吗？倘若旁观，我会起厌烦，因这样的角色其实上了道德正义的当，太看得起邪恶，同时，给沉默的大多数当戏看。

——陈丹青《退步集续编 · 自序》

刘索拉和她的肖像画

四十岁以下男的不算男人

窦文涛：丹青兄现在到处“走穴”卖书，哈哈哈！我跟朋友饭桌上聊天，常常有人就说，陈丹青到底想干吗？陈丹青这是在干什么？有人觉得你这些状态是一种中年危机。

陈丹青：可能啊，完全可能（笑）！

窦文涛：索拉你有中年危机吗？

刘索拉：我没有。

窦文涛：你跟洪晃弄了部《无穷动》，专门讲中年女性。

拉拉：妞妞，我“更”啦！

夜太太：“更”什么啦？

拉拉：更年期呀！哥儿们儿可算到岁数了！燕儿，你比我还大呢，你可能早“更”了，你自己都不知道。

夜太太：革命人永远是年轻，你“更”我不“更”！

拉拉：你听我说，医生说的，四十岁以后的人就进入更年期阶段，可能还更早呢！更年期阶段其实最性感啦！鲜花开到极致，漫长又性感——“潮热”二字，你应该理解成“又潮又热”，“四十女人一枝花”啊，就是这意思。

《无穷动》是女导演宁瀛拍摄的一部影片，大年三十的除夕夜，三个成功女性——时装模特琴琴（李勤勤饰）、房地产经销商夜太太（平燕妮饰）和才貌双全的艺术家拉拉（刘索拉饰）——应同样是成功女性的时尚杂志出版商妞妞（洪晃饰）的邀请，来到她家过春节。妞妞请客的目的是想找出哪一位是她离家出走的丈夫的情人，而众人也知所赴的是鸿门宴，所以一开始讲话时都很小心翼翼。随着她们对各自情感故事的讲述，妞妞发现谁是她丈夫的情人已经不再重要，因为某种程度上她和她们是一样的人，在成功自信的外表下，心里所藏的，是那些过去年代遗留下来的不可弥补的情感歉疚和无穷动的欲望……

夜太太：得了吧，人说女人四十是豆腐渣。

——《无穷动》电影台词

窦文涛：你说女性更年期“潮热”，什么意思？

刘索拉：传统来说，一到更年期女人就完了。但是西方医学证明，往往女人在四十岁以后是最性感的时期，法国人有一句名言，“四十五岁的女人最美丽”，那时候的女人完全成熟了。

窦文涛：你说最美就最美啊？得听听我们男人的意见嘛（笑）。

刘索拉：你意思女人年纪大了不漂亮？我的天！现在中国男人——除了你们俩啊（笑），都有个问题，认为女的越小越女人，大了就不像女人了，其实是因为他们要接受来自女人的智力挑战了。女人的美你要仔细看，成熟女人有一种特别的性感，很美！小孩其实不性感，小孩就是漂亮。

窦文涛：你是说我们不找四十岁的女人是因为我们自卑？我们自信心不足（笑）？

刘索拉：你太小了，我跟你说——

窦文涛：我四十了。

陈丹青：好年轻啊（笑）！

刘索拉：我告诉你，四十岁的男人是刚刚开始变成男人，四十五岁的男人才是真正的男人。

窦文涛：可能我以前就是一个太监（齐笑）！

刘索拉：你根本不算男人，四十岁以下男的根本就不是男人！你才刚进入成熟男人的行列，将来你环顾一下周围岁数差不多的女人，你会发觉她们并不难看，而且越来越成熟，越来越好看。

窦文涛：那丹青兄五十岁了，他可以算男人了吗？

刘索拉：丹青就是成熟男人的样子。

窦文涛：怪不得有些人说《退步集》到处乱骂，《退步集续编》其实还往回收敛了一点儿，哈哈哈！

陈丹青：一点儿（笑）！

要不写个《更年集》？

窦文涛：你说人到处乱骂，乱发脾气，往往容易很愤激，这本身是不是一种更年期的表现？

陈丹青：完全有可能！据说女人是这样。

刘索拉：其实有时候女人发脾气是因为你把她搁在家里让她做家庭主妇她不高兴，而不是女人生理有了变化她才不高兴。

陈丹青：你说得没错，说的是所有女人处在更年期前后的风凉话（笑）！为什么？我觉得生理是一回事，但处境还是很重要的。

刘索拉：我说的就是处境。

陈丹青：如果在这个年龄，你的婚姻出现问题，或者子女出现问题，或者工作出现问题，总之如果你上有老下有小，就不可能这么潇洒了。

刘索拉：我说的就是这意思，如果你有了外界这些负担，然后再加上生理变化，就特别容易觉得完蛋了，然后就会有脾气。

窦文涛：我对更年期有点儿好奇。有个电视剧叫《金婚》，蒋雯丽演的，女主角刚好处在更年期。天啊！我从没见过有这样的！小孩子吃饭掉个筷子，她就哭了，把八辈子的事儿都想起来了！旁边大姐跟她说，“吃点儿雌激素吧，我吃雌激素就特别好使”，哈哈哈！

陈丹青：更年期的女人会过度反应。

刘索拉：更年期对女性来说生理上特别痛苦，我经历过这个。第一，心跳，说话一分钟半分钟就会突然心跳一下；第二，出汗，出着出着人就湿了。

窦文涛：还真是潮热！咱丹青兄是潮红——愤青，呵呵（齐笑）。

刘索拉：不是一般的潮热，是真出汗！而且还有发烧等很多不舒服的感觉，就像变成另外一个人。男人可能不会经历这种过程，但应该有另外一种痛苦，这是你们男人的事了，女人不知道。

陈丹青：要不我写个《更年集》？我老在想下本书用什么名字呢（笑）。

窦文涛：咱这就定了啊，就《更年集》了（齐笑）！

在我，写作似乎比画画稍微容易——倘若我的正业是写作，绝不敢这么说——业余做做的事情多少显得容易些，因为没野心，不必顾面子，虽然我写作可能比画画还认真，中年后的业余爱好，通常都很当真的。

——陈丹青接受采访《对画画我不肯失去野心》

陈丹青和他的书

衰老是个被剥夺的过程

窦文涛：说真的呢，丹青兄，你对更年期有什么体会？

陈丹青：就是内部组织异常，身体剧烈调整，然后告别前一个阶段，进入下一个阶段，这其间有些功能会丧失，新的功能又会出现，你要适应。

窦文涛：我现在过四十了，已经听到很多可怕的心理暗示。有哥们儿就说，一过四十，有那么一天，你会突然觉得自己老了，身体各方面功能不行了……真的假的啊？

陈丹青：真的。我小时候经过南京路有个眼镜店，上头大标语叫“四十以后人人必戴”，我妈妈看了就不以为然，我更没感觉。果然我四十五岁以后“老花”就出现了。我觉得萨特有句话说得挺好，老年不可怕，可怕的是这个不断被剥夺的过程。明明你眼睛看着挺好，忽然就不行了，而且你知道再也回不去了。当我四十七八岁的时候，画画写东西都必须戴老花镜，我还觉得没关系，起码看远没问题。到了五十岁左右，在校园里走，忽然三五米以外同学的脸就模糊了——散光出现了。所以我现在看电视看电影要戴散光镜，跟你们说话要看清你们的脸也要戴散光镜。

窦文涛：怪不得你夸索拉漂亮呢，原来是没看清，哈哈哈！

刘索拉：我认识你的时候你还没花呢（笑）。

陈丹青： 还有就是集中精力的时间不如以前了，比如以前差不多我能画八个钟头没问题，不觉得累，而且就算累也是很快乐的感觉。现在集中精力画四五个钟头就到顶了。

窦文涛： 情绪呢？

陈丹青： 情绪倒还好。我告诉你，人岁数大了有个好处就是成熟，真的成熟！成熟的一个表现就是你知道怎么分配时间，怎么用你的精力，什么时候歇，什么时候做，这比年轻时候好太多了。

窦文涛： 你说的这个我已经出现了啊，可你们怎么还说我是小孩呢。

刘索拉： 你是小孩啊，脸上没褶，太紧（笑）！

窦文涛： 不能笑，一笑全是褶子。

刘索拉： 到四十五岁你会放松一些，现在你还是娃娃脸的感觉。四十五岁你还会稍微发胖，肩会变宽，成熟男人的感觉马上就出来了，现在还是小男孩呢。

窦文涛： 小男孩招女士喜欢吗？

刘索拉： 喜欢啊，你会招上的下的老的小的女士喜欢，哈哈哈！

窦文涛： 真的吗？我怎么觉得现在的小妹妹都不答理我（笑）。

媒体是夸张里面带夸张

窦文涛： 我们有个更年期的嘉宾许子东——呵呵，许老师原谅我，最近很多人反映许老师在做节目的时候，这个情绪啊——咱都说父母老了会表现得像小孩一样，突然就哭了或怎么着了，我觉得许老师有时候就——比如指责社会上一些事情，怎么那么生气呢！疯狂英语创始人闹了个新闻，让学生们下跪，本来跟许老师没什么关系啊，但他说着说着，突然间就眼含热泪："什么人能让我们跪啊？！我们能对什么人跪啊？！"

陈丹青：那我同情他，我要是听到这事也愤怒极了。这不是生理影响，是有一根筋被弄起来了——我们被侮辱太久了，怎么现在还有这事！

窦文涛：让孩子下跪太不像话了，向老师下跪也不行。

陈丹青：当然！凭什么？这什么年代了，我现在想就很愤怒。

窦文涛：最近还有段视频在网上传，好像深圳一个学校，几个女孩在女厕所里打一个女同学。当年打人抄家就是这德行。

陈丹青：不是一回事。这是一种动物性，一种攻击性。我们假定了一个价值观，觉得女孩子就应该文静或者怎样，其实雌性、雄性的动物性是一样的。

窦文涛：心理学家还说呢，最近这是个时尚，比较受欢迎的女孩叫什么"野蛮少女"。

刘索拉：有个电影《我的野蛮女友》，那女孩打的是欺负人的人。

陈丹青：这是媒体的美学效果，跟打架不是一回事。

窦文涛：媒体的美学效果？难道这是个假问题，事实不是人们议论的那样？

陈丹青：既不是假问题，也不是真问题，就是什么事被媒体说一遍，就跟原来的形态不一样了。所有媒体其实都在夸张它所描述的人或事。西方社会为什么比较成熟？它少不了媒体，但它也知道这是媒体，媒体跟真实发生的还不一样。一个公民社会，一个成熟社会，首先看它对媒体的态度怎样；它相信媒体，同时跟媒体保持警惕关系；它有言论自由，各种媒体报道同一件事情的角度、价值观、判断可以不一样。中国不是这样，同时媒体本身也不成熟，接受媒体的群体也不成熟，所以是一种互相夸张，夸张里头带夸张。

窦文涛：我就是搞媒体的，我特别同意这个说法，因为我知道新闻是怎么弄出来的，从我嘴里是怎么说出来的。我经常提醒很多朋友，看见媒体说个什么事，你别着急，先弄清楚，我们的喜怒哀乐跟原初真相差远了。

陈丹青：我就经常被媒体修理，组装你的话，甚至把你没说过的话安到你嘴上。我愕然，哎呀，又把我玩了一把；但我不会太计较这个事，因为我知道它就是媒体，你不能太当真。

中国没有女性教育

刘索拉：我还是要说，那些打女同学的女孩属于"坏人"。我经历过"文革"，我看过小孩，尤其初中生打人，欺负同学，我一点儿不原谅这些人，我觉得她们是坏人。

陈丹青：人心里的恶，很小就有。

刘索拉：而且这些打人的女孩子长大也不会变成好人。女孩宁愿打男孩都不能打女孩，你不能欺负弱者，欺负弱者就是坏人。

陈丹青：要知道她们长大了都会做母亲。

窦文涛：哎哟，还真是！

陈丹青：所以“母亲”这个词很可怕的，很多孩子的不幸经历都跟母亲有很大关系。

窦文涛：你好像说过中国现在没有女性教育。

陈丹青：没有！

窦文涛：那你想象中的女性教育是什么样的？

陈丹青：我一直认为教育不仅仅是学校，更不是上课，不是学位，不是专业；教育发生在所有领域，最重要是家庭教育，其次是邻里，然后到社会，最后才是学校。我们现在教育畸形是假定所有教育都在学校，你进过学校就算受过教育？NO，人生最早的课堂在家里，你爹妈是什么样，爷爷、奶奶、叔叔、阿姨、外甥、侄子……所有这一切都构成你的教育。等到你进幼儿园进小学，你已经被教育过了。可你去看看今天我们的家庭有什么教育。

社会分层消失了，文化差异抹平了，不同的人群与生活方式遗失了，千百年文明维持不坠的一系列内在价值观与行为准则毁损了，“文革”最后一击，中国地面成千上万有品质的家庭单位，亦即所谓“宗法教育”最后那点脉迹，也被连根拔除。总之，在人文传统种种资源荡然无存的今天，我们对传统价值体系试图追寻、把握、攀缘、附会的愿望，在家庭教育这至关重要的第一步，已不可能。

有一本著名的家庭之书《傅雷家书》，在我出国前就出版了，十八年后回国，这本书居然还在畅销。另有新书即

《曾国藩家书》，也持续热销。说明什么？说明这样的家庭，这样的家长，已经没有了。而这样的家庭，是要千千万万好家庭好在那里，才会出那么几家——民族的种性，不会断绝，种性之禀赋优异者，也不会断绝。现在、将来，我们还会不断冒出新的钢琴神童乃至种种天才，但是还会有那样的家长，给孩子写那样的家信吗？在如今的千万封家信中，还能浸透着丰富的人文价值吗？

如果非要说素质教育，家庭教育才是无微不至的素质教育。那样的素质教育，再好的大学也教不了、比不了、代替不了。

——陈丹青《退步集续编·艺术学院与艺术教育》

窦文涛：你认为应该是爸爸妈妈教女儿怎样做女人吗？

陈丹青：谈不上教，就是做一个像样的“娘”的样子。

刘索拉：孩子看到你的样子就受影响，根本不用去教。

窦文涛：有些朋友说跟台湾女孩聊天挺让人舒服，台湾女孩温柔，懂礼貌。也有人讲这是因为台湾是夫权社会，骨子里男尊女卑，女孩比较抑制自己，所以出来这种女性。这算是女性教育吗？

陈丹青：我倒不愿意说台湾是个夫权社会，我愿意说，第一，它没经历过大的政治运动；第二，所谓“三纲五常”、“温良恭俭让”这些传统，至少在家庭单位里没有消失，在人际关系之间大致还在，人与人之间还有个礼仪，有个度。可在咱们这儿，这几十年可以说完全丧失。

人文教育，必要讲到文化传统。十多年前，海外汉学者曾将我们面对的文化，分成四种传统：（一）由清代上溯周秦的中国古典文化大统；（二）五四新文化传统；（三）延安传统；（四）“文化大革命”传统。这四项传统并非平行奏效，任由我们选择，而是一项传统吃掉另一项传统——“文革”传统极端扩大了延安传统，延安传统扭曲变形了五四传统，五四传统则深刻颠覆了整个古典传统。换句话说，我们的集体记忆与集体遗传，全部是“文革”传统，连延安传统的延安精神，也找不回来了。

——陈丹青《退步集续编·艺术学院与艺术教育》

教养就是要克制

窦文涛：其实有时候我跟台湾人聊天感觉挺复杂的，我觉得我有某种程度的自由，是人性恶的自由还是什么自由，比方我发现他们说话经常互相赞美，什么丹青兄真是了不起啊……我心里的感觉就——

陈丹青：所谓教养，其实是个束缚，就是要克制，很多事情你要克制。咱们这儿一路教育下来，不让你克制。“文化大革命”小孩子撒开了造反，想骂就骂，想砸就砸。尤其北京的孩子，高干子弟，给我们南方孩子的感觉就是真“牛”，出口“横”得很。但这背后的代价很可怕。

窦文涛： 到最后成动物了，动物世界！

陈丹青： 我到国外跟文人、艺术家交往，发现他们很有教养，弄得艺术惊世骇俗，可是人坐在那儿，其实都是很好甚至很害羞的人。

刘索拉： 这是社交礼仪。生活和社交礼仪不是一回事，我们见到的是社交礼仪中的教养，具体他们生活中什么样，得分清楚。你们刚说中国没有女性教育，其实女权主义进来中国特别早，（20世纪）二三十年代就进来了。但有些女权主义很快因为战争就变成了各党派人士……到底是革命还是女权，变得混乱，女权成了一个不清楚的信号，不是对女性的完全解放，而是刚刚有了女权意识，突然又变成革命战士了。我们父母那辈的女人就这种感觉，很厉害很革命。我妈就是女权主义。

陈丹青： 就是我要上学受教育，写作学画画，我不要媒妁婚姻，我得走，得革命。然后到处都容不下我，我得走自己的路。所以那个时候娜拉走后，一部分就去了延安。问题是进城以后她们变成了掌权人士，其实她们骨子里还是女性，她们要的所有虚荣、爱慕、青春、美丽进入一个扭曲状态。

> 八十年代初，老同学孙景波远在云南给我写信写到纽约来，说他与当地农民坐在露天看《红色娘子军》，念及一整个光荣而罪恶的时代就此逝去，不禁“热泪滂沱”。其时“文革”退远了，而他曾经既是“文革”中期的反革命分子，又是“文革”初年的红卫兵。
>
> 全片贯穿始终的旁白，是江青的独语，并有江青被当

庭宣判那一刻的黑白纪录片片段——“国民党围剿延安，只有我一个女同志留在主席身边，”她昂然颤抖，厉声道，“你们在哪里？！”

静默，随即法庭座中掠过一片压抑的哄笑。

——陈丹青《退步集续编·若无其事》

窦文涛：所以索拉就变成了今天这样子，哈哈哈。

陈丹青：她有左翼基因（笑）。

窦文涛：索拉还是很女人的，广告时候问我口红是不是要补一补。

刘索拉：女权主义不是这意思，不是说想不到自己是女性，现代女权主义是什么都要。

窦文涛：没错，野心勃勃。

教育的功能在迷失

窦文涛：真正怎么教育一个人呢？过去说学中医是终生跟着一个老中医才学得出来，人与人的这种传承才是培养人才的方法吗？

陈丹青：当然啊，古代一直是这样子。我们真的不要以为学校教育就是教育，家庭教育其实是生活教育。古希腊时代，每个男孩都要跟着一个年长的男人，军队里更不用说了；各行各业，做饭的、耍杂技的、唱戏的、画画的，都是师徒制。这种教育跟学校毫无关系，跟上课、学分、专业没有关系。小孩子所有感官都张开着，大

“文革”期间的样板戏《红色娘子军》

人所有东西都反射到他记忆里，小孩很简单，我长大也要这个样！一对一的关系在，教育就在了。

> 什么是师生关系？以我理解，大致是教与学的关系，长与幼的关系，引导与成长的关系，有知和无知的关系……这些关系，在今天变成了权力关系，变成赤裸裸的利益关系。大学，包括中学、小学的师生关系，被长期扭曲了。
>
> ……
>
> 扩大而言，不仅师生关系，社会上人与人的各种关系都被扭曲了。大家知道，医疗改革被公开承认失败了，如今医生和病患是什么关系？再扩大而言，消费品和消费者是什么关系？甲方乙方是什么关系？雇主和雇员是什么关系？上下级是什么关系？
>
> 不必说下去了。总之，所有关系都被扭曲，只剩下一个确切的、可依循的、被左右的关系，就是钱的关系、利益的关系、权力的关系。
>
> ——陈丹青《退步集续编·“师生关系”没有了》

窦文涛：所以你书里引用贡布里希的话，实际上没有艺术这件事，只有艺术家。我跟你学画画，等于也跟您学做人，对吧。

陈丹青：比方像我这样子，我这代人没怎么上过学，初中毕业就下乡去了。我对外说是自学，只说对一半，说明我没上过学，但事实上我一路过来，从十六岁一直到二三十岁，一直遇到很多非常好的老师。等我自己变成老师的时候，这种信息不断回忆起来，当时他们对我是这样子，我现在也对年轻人这样子。

窦文涛：他们为什么教你呢，又不收你的钱？

陈丹青：当时没有明确说我来教你，你是我的学生。像陈逸飞、夏葆元，我们都直呼其名的，实际上就是我们的老师，他们画画我们就在旁边坐着抽烟、聊天，然后我们画了给他们看，我一路遇到好多这样的老师。黑社会什么的也都这样，跟大佬。

窦文涛：那你把学校往哪儿摆？

刘索拉：学校里不也有岁数大的老师嘛，上一辈人会往下传他们的经验。

窦文涛：但我觉得现在学校里的老师都是孙子，哪能当大佬呢？要么没这个能力，要么没有这个资质，要么没这个自由。

陈丹青：全世界都在面临这个问题，大学膨胀，学生越来越多，教育品质在下降，教育的功能在迷失，一切都变成所谓的专业教育，变成伪教育，大家为了拿学位，骗过去拉倒。

> 不要对社会说：我要自由！不要对学校说：我要自由！这是空话。自由不会从天上掉下来。你自己自由不自由？你的内心自由不自由？你的本事、学识能不能让你自由？
>
> ……
>
> 不要去渴望改变庞大的教育现状，谁也改变不了，除非改变自己：改变自己是可能的。
>
> ——陈丹青《退步集续编·“师生关系”没有了》

这个社会缺乏让人成熟的机制

陈丹青： 我觉得其实咱们整个社会这几十年都处于更年期，真的！更年期就是全乱套了，什么事都过度反应。

窦文涛： 这个说法有意思。你还有个“青苗法”是吧，把年轻人叫“青苗”。为什么现在男的都喜欢找“青苗”（笑）？

陈丹青： 我想这是中国的问题。你看中国选电影明星都往年轻里走，但好莱坞不会这样，欧洲更不这样。欧洲和好莱坞最重要的女演员都是四十岁以上的，很少有国家像我们一样。这跟我们的传统有关系，原因之一可能是鲁迅先生说的，中国人喜欢——

窦文涛： 老牛吃嫩草？

陈丹青： 肉、蔬菜都拣嫩的吃，还没熟就切了。当然他联想到这是个吃人的社会，老的吃年轻的，一代压一代，这个传统太长了。还有一个原因就是让你成熟的那个机制没有了。

凡事总须研究，才会明白。古来时常吃人，我也还记得，可是不甚清楚。我翻开历史一查，这历史没有年代，歪歪斜斜的每页上都写着“仁义道德”几个字。我横竖睡不着，仔细看了半夜，才从字缝里看出字来，满本都写着

"吃人"两个字！

——鲁迅《狂人日记》

"吃人社会"、"救救孩子"，为1918年前后新文化运动的"反礼教"命题，作了最精练、凶狠的概括，振聋发聩，大慈大悲，极度形象，极度夸张。前一句话，指两千年旧文化，后一句话，在鲁迅个人是出于绝望与希冀，在历史层面，直接指向革命：革命，在文的一面对应了国共两党的强力统治。九十年后，如果仍以形象夸张的方式引用鲁迅前一句话，他所憎恶的"吃人"社会完全被推翻、征服、消灭，"吃人"的性质变了没有呢？变了，变成另一群人在吃人，或者被吃，换成另一方是吃人，或者被吃。而"救救孩子"这句话，就是"救救中国"的意思，当时说出口，就隐含大问题：谁来救孩子？怎么救法？能不能救得起？

——陈丹青《荒废集 · 文学与拯救》

陈丹青：我在国外待了这么久，觉得中国女性四十岁之后可看的远远不及西方国家多。

窦文涛：什么叫可看的？

陈丹青：样子还在，而且越老越好看。在中国，四五十岁甚至六七十岁的，还有样子出来，仪态、谈吐、相貌都好的女性，越来越少。

窦文涛：我记得崔健有一回说起这个也挺愤怒，说亚洲所有娱乐工业都在利用年轻人的身体，比如到了唱片公司，你爱搞什么音乐我不管，我完全按照商业流行重新包装你，实际是利用你青春期的身体。我听说一个美国 CEO 跑到中国来之后乐不思蜀，不想回去了，说像我们这个岁数的人在美国是不会有十八九岁的小姑娘整天跟我们一起玩的，他来到北京之后发现这些老男人身边全是小姑娘。

刘索拉：这是教育的问题、老师的问题、家长的问题，还有女孩子本身的问题。有时候我们会轻易怪这些老男人，其实女人也有责任。女性整体教育特别不发达，一个二十多岁的女孩子怎么可能说，我现在必须马上结婚，因为我太老了。怎么可以这样说？我看过很多时装杂志，十几岁的小孩儿打扮得非常性感，半张着嘴，做出撩人姿势，出现在房地产广告上！她们的家长怎么能让孩子做这种事？难道他们还觉得骄傲，我女儿上了广告，赚了很多钱。在美国要么你就在《花花公子》上露，不然的话不可能这么去露，除非你穷疯了。

陈丹青：我教书接触的小孩都是 70 后、80 后，我很惊讶他们对于青春的感觉这么敏感，在我看来还很小的孩子已经开始觉得自己老了，底下更年轻的要上来了。我们年轻时没这种感觉，一点儿都不觉得自己年轻或者老了怎么样，要到很晚才会有这种感觉。

窦文涛：是，我二十几岁的时候也没这种感觉。

陈丹青：这是被夸张的一种感觉。

窦文涛：是环境造成的压力吗？

刘索拉：我觉得是从家长到社会的教育问题。

陈丹青：我觉得是走了极端。（20 世纪）七八十年代我们年轻的时候，且有得等了，永远是老的在前面，论资排辈。90 年代后又走上另一个极端，谁“青苗”谁就上，老的赶紧走！老的四十多岁就出局了。

刘索拉：是不是受了日本的影响？日本社会就这种传统。

陈丹青：可能有种下意识的报复心理，老人文化太久了，上头永远有一层层年纪大的人压着你。

> 青春不等于才华，但才华靠青春壮胆。青苗一拨拨蹿上来，总有才华横溢的人。我所以痛恨艺术学院这一套，那是对青春的屠杀。拿什么鸟学位！二十岁左右就该放手创作，美术史多数经典是二十五岁前后的小青年弄出来的。
>
> 至于燎原不燎原，我可不知道。吃掉七十年代生人的是80后，而今90后眼瞧着蹿上来，一嘴汗毛，皮嫩肉紧。代际的紧张感是近年趋势，我在校园里常遇见二十来岁的女孩子说：哎呀，我老了。
>
> 整体看，每一代艺术学生的百分之九十九会成为鲁迅所谓“一盘子绿豆芽”。
>
> ——陈丹青《荒废集 · 价格眩晕》

压力和不安弥漫了所有人

刘索拉：中国这么大一个地儿，这么多女孩子，如果所有小女孩在十六岁都抓着一个老头，然后到二十多岁就觉得自己完蛋了，嫁不出去了，这是多可怕的人生！她这一辈子真的白活了。

陈丹青：不光女孩，每个领域、每个人群都有这种深刻的不安全感，不安全感体现在年龄上，在演艺界、白领或者大学校园里这种不安全感越来越强烈。

窦文涛：这种不安全感你身上有吗？

陈丹青：没有。我们年轻的时候不是不安，是绝望，觉得反正这辈子不可能念书，不可能回城了，更无法想象出国。所以我们的要求非常低，第一能回城，哪怕调到县里都好。一直到二十多岁，我们的最高理想就是赶紧离开村子，我们就这样度过了青春。

窦文涛：我曾经听一个跟你同龄的作家也讲过这种心情。他说我们这代人活一天都是捡来的，"文革"里大难不死，今天活着赶上好时候了。

陈丹青：对，特别容易满足。所以我非常同情今天的年轻人，因为设身处地想，我们那会儿虽然绝望，但周围大家都在绝望，大家全在农村、工厂，最了不起的也就是在城里有份工作，工资到顶了三十几块钱，没有可比的东西，大家都挺惨！改革开放以后开始出现幸运儿，比如我考上大学了，你没考上，但那差异也不像今天这么大。今天的孩子从大学校园里就开始比，原来一起的同学考上了研究生或博士生了，我没考上；出了大学以后，你已经有房有车了，我还在还贷款……这种压力，这种不安，弥漫了所有人。我非常同情他们，大锅饭没有了，西方的恶性竞争进来了，竞争的游戏规则还没建立。一个竞争，一个淘汰，非常不安，这也影响到三四十岁那批中年人，因为他眼瞧着底下"哗哗哗"一波一波上来，紧张啊！你瞧公司一张张新面孔进来，一眨眼90后都来上班了，可看看自个儿，日历一翻生日又快到了。

窦文涛：我听一个三四十岁搞音乐的人说，看到那些玩音乐的年轻人，觉得这些年轻人都拿着铁锹呢，一锹又一锹，干吗？埋我们呢。

刘索拉：我在我们乐队里属于中老，上面有六十多岁的，我五十多，下头还有四十多、三十多、二十多、十几岁的，我们乐队里每一代人都有。我觉得你如果有“我得抓着我这一代”的感觉，那你就死了，人还是活得宽心一点儿比较好，小孩就是比你有青春活力，小孩就是要上来，怎么样呢？但是老有老的好处，你身处这一代，就不要想着下一代。

窦文涛：我见过一个二十二岁的女孩，一直叹气，“哎呀，一下我就三十了”。为什么呢？她说二十岁的时候，父母说晚上不准跟男同学出去，就等着，盼着，但如今一过二十二岁，父母亲马上开始着急，“哎呀，有什么合适的男同学领到家里给我们看一看”，又怕女儿嫁不出去……

我们没有上流社会

Chapter 7

蒋介石选将领看照片，毛泽东选将领会给人改名字。他们是完全不同的风格。

这个时代不会有淑女了。所谓“大家闺秀、小家碧玉”，闺秀、碧玉是一种类型，都跟家庭有关系。现在是“小家”没有了，“大家”更没有。

我们没有上流社会。有钱、有身份、有地位，那不叫上流社会，我们有权力社会，阶层分得很细，但绝对不是上流社会。

窦文涛：今天我很幸福，一边是我喜欢的男人，一边是我喜欢的女人。阿宝，你知道吗，陈老师平常说起某些问题来愤世嫉俗，可私下里又非常温柔敦厚，最近他跟我说了一件事又让我觉得他像个小偷。

曾宝仪：怎么了？

窦文涛：他这个素描出身的人，见了一个人，表面上在跟人家说话，实际上手正放兜里描人家呢。

陈丹青：这是很小养成的习惯，连我自己都没意识到，直到发现自己在描，才停下来。可是一不注意，过一会儿又开始描了。

曾宝仪：你口袋里真有纸和笔吗？

陈丹青：什么都没有，就是一个习惯动作，跟残废一样（笑）。

曾宝仪：我看漫画的时候看过类似的角色，一个人习惯把每个人的资料都存进电脑里，手随时随地都保持打键盘的感觉，跟你这个很像。不过我觉得陈老师看人真的跟一般男人不太一样。

窦文涛：跟女人比较像（笑）？

曾宝仪：不是，一般男人看的可能是女孩子的身材，可是陈老师看人——

陈丹青：我也看身材，一样的，哈哈哈。

曾宝仪：你看到我说，“阿宝，你的双眼皮蛮特别的。”从来没有一个男人对我这样说过啊。

陈丹青：你的双眼皮是挺特别的，会重叠，忽然就变成单眼皮，很少遇到这样的眼皮。

第一次画女裸体

窦文涛：我怎么看不出来？我跟你说我特别羡慕画家，画家的观察力被训练得细致入微。比如阿城，原来也画画，他见到一个人就说，这人是旧社会县衙里的刀笔吏。他的形容能让你以后一见到这个人就想起这句话。阿宝知道丹青老师怎么说我吗？他说看见我这张脸，觉得我像宋朝人（笑）。宋朝人什么样啊？

陈丹青：不知道啊，我也没有见过。阿城也没见过衙门里的刀笔吏，这是一种想象。阿城写小说要塑造一个人，我画画也要找个模特，我永远假定我在找模特。

窦文涛：你经历过“文革”后美术界第一次裸体写生，一群人第一次在公开场合围着一个不穿衣服的女人画，当时是种什么样的心情呢？

曾宝仪：那时候应该是爆了个炸弹吧。

陈丹青：我倒还好，就等着那一刻到来。我们班上九个同学中有两个没结过婚，那两个就比较紧张一点儿（笑）。那时候结婚之前很少有性关系，所以他们没有看过女人裸体。其实很久以来我们画画的人都在等这一天，等哪天我们可以画真的裸体。我在“文革”中画过男裸体，一个农村的孩子。

窦文涛：他愿意脱衣服?

陈丹青：他把裤子脱下来了，我马上就画，但没有画过女裸体。一直到1978年年底可以画了，那天我们老师领着女模特从走廊过来，等待的过程里，每个人的神情都不一样。

窦文涛：那时候人很淳朴，听说最后你们把这个女模特尊为圣母一样的人。

陈丹青：把她评为先进工作者、优秀青年（齐笑）。

全班九名所谓的“研究生”，从老大到老九以年龄顺序依次相称，我敬陪末座。其中仅老大老三是原美院大学生，论“文革”前画过女裸体的资历，其余七位，甘拜下风，这是一。那年我适才新婚加上其余六位同学均已成家，与老七、老八处男之身处男之眼相比，论“看”过女裸体的资历，略占上风，这是二。终于开课了。那天一早，炉子已经生好，只见老大、老三单腿抖动削笔神情自若，老二、老四、老五、老六、老九该干什么干什么，只见二十七八岁的老七老八是一会儿给炉子添煤一会儿挪动画架，忽然不见人影忽然又泡了开水拖进来：模特儿到了！由当班老师靳尚谊先生领着，她是一位我们先已在校园里见过的姑娘，二十多岁，相貌淳朴。我们一同跟她打过招呼，靳先生于是略一示意，她就转到屏风后面，换上睡衣，走出来。

画室里鸦雀无声。那年，到底是哪家美院的哪堂课率先恢复女体写生？反正这位姑娘是中央美院第一位“文革”后的女模特儿，第一次当众裸体。我们在画架前各就各位拘谨呆立，成扇形，远远围拢她，却是看她也不是不看也不是——看，不像话，人家没穿衣服；不看，也不像话，人家不穿衣服就是让我们看，让我们画呀！姑娘倒是坦然，她认真听从靳先生摆布姿势，腰扭过来，头别过去，这样子坐坐，那样子站站，简直大义凛然……日后，全班同学打心眼儿里敬重她，认她是英雄，是圣徒，那年她被评为全美院的优秀职工，可不是，当年她一横心解开扣子就写下一笔拨乱反正改革开放的美术史。但她的名字、模样，还有我的素描写生，我都忘记了：整整十年我们想象并向往这一天，这一刻，我真想好好写出来，却不知怎么写：描述她的身体？与画画无关。描述怎么样画身体？与她无关。我只记得老七。老七一次再次看手表，在“她”快要出现时又跑到教室外面，旋即探头唤我出去。

“没什么，”他在走廊里额角冒汗低头沉吟，“我在想会不会出事？你说呢，可别出什么事啊！”

——陈丹青《多余的素材 · 我的第一次素描人体写生》

陈丹青： 我后来画过一组音乐家的肖像画，发现所有 19 世纪，包括 20 世纪初的人，他们拍照都不笑。二战之后拍照讲究笑，现在咱们中国人拍照也学会笑了，但黑白照片时代不这样，那时候讲究

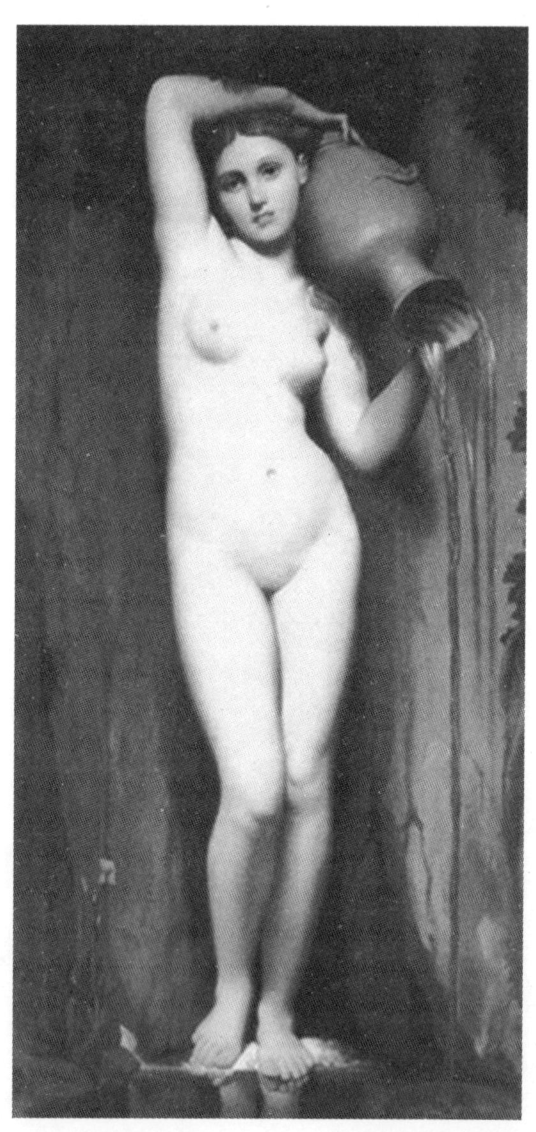

安格尔的《泉》

严肃，没有笑这回事。

窦文涛：要端庄！

陈丹青：民主时代就要笑！笑是消费时代的特点，做生意要笑口常开。可在鲁迅那个时代，所有人都不笑的。你有没有看到过胡适穿着正装笑的？陈独秀、瞿秋白、蒋介石笑的？没有。

蒋介石从面相看人

窦文涛：我觉得中国古代这些东西是不是在台湾保留得更多。那天我跟一台湾朋友见面，拿了香槟酒，他说要等他的老师过来再喝。好，我们就等，等了一小时，我说“先喝吧”，他说“等老师来了再开”，我说“咱们可以先开一瓶，你老师来了再开一瓶”，不行，他要等。最后这个老师来了，他就一直陪着老师说话，老师走的时候他一定要把老师送回家才肯回来。

陈丹青：他多大年纪?

曾宝仪：五十了，我觉得台湾人是不是比我们大陆重礼数?！我认识的另一个台湾朋友很有意思，他遇到人立刻上去握手打招呼：“哎呀，你面相真好。”见人就说面相好！通过他我也学了一招，用面相来观察人。

陈丹青：当年蒋介石挑将领要先看照片，所以那会儿黄埔出来的几个将官样子都非常好，像杜聿明、胡宗南、陈诚……

抗战时期，蒋介石与胡宗南（右立者）合影。胡宗南（1896—1962），浙江镇海人，黄埔一期陆军上将，是蒋介石最信任的军事将领之一。其一生历经黄埔建军、东征、北伐、内战、剿共、抗战，直到1947年指挥进攻占领延安，一度执掌西北军事实权，被称为“西北王”。1950年赴台，任澎湖防守司令等职。1962年病逝于台北。

有“小委员长”之称的陈诚。陈诚(1898—1965)，浙江丽水人。毕业于保定军校，黄埔系干将，蒋介石心腹。

中国远征军高级将领合影，右下角为杜聿明。杜聿明（1904—1981），字光亭，陕西省米脂县人，黄埔系骨干，陆军中将。1949年1月在淮海战役中为解放军所俘。1959年底获得特赦，后任全国政协文史专员等职，1981年病逝于北京。

毛泽东爱给人改名

窦文涛：蒋介石年轻的时候也漂亮。

陈丹青：蒋介石选将领看照片，毛泽东选将领会给人改名字。

窦文涛：毛主席给人改名字？他信这个吗？

陈丹青：毛主席懂字，他看人的名字。蒋介石讲究人的相貌。他们是完全不同的风格。

> 毛泽东喜欢为人改名字，比如：阙中一，1955年被授予少将军衔。原名阙桂兰，红军长征时担任毛泽东的警卫员。毛泽东湖南口音重，读“阙”为“菊”，他调侃“菊桂兰”，你的名字里有菊有桂有兰，香得很啊，就是少点男人气。于是改名为“阙中一”，意思是中国人民的普通一兵。
>
> 许世友，1955年被授予上将军衔。原名许仕友，家谱为“仕”字辈，加入红军后，他自己把“仕”改为“士”。1935年长征途中第一次见到毛泽东，毛又把“士”改为“世”，意思是世界之友，红军战士不但要想到全中国，还要放眼全世界。

范明，1955年被授予少将军衔。原名郝克勇，在国民党部队中从事秘密工作，1942年奉命回到延安后，在见毛泽东时，毛泽东突然问：“郝克勇同志，你舅舅家姓么子？”郝克勇回答说：“姓范。”毛泽东接着问：“是范仲淹的‘范’还是樊梨花的‘樊’？”郝克勇答：“范仲淹的‘范’。”毛泽东说：“好，那就把你的名字改成范明吧！做秘密工作的同志回到延安，都必须改名换姓。”

柴成文，1961年晋升为少将军衔。原名柴军武。1951年毛泽东指派柴军武为中国人民志愿军联络官，参加朝鲜停战谈判，并将他的名字改为“柴成文”。毛泽东说，外交工作是“武仗文打”，外交官是不穿军装的解放军。

窦文涛：我常听到这么一句话，说人四十岁之前的相貌是父母给的，四十岁之后的相貌是自己修的。随着生活阅历的累积，人的脸部会发生微妙的变化，这跟人的为人处世有关。男人尤为明显，如果走的是正道，他会比原来更精悍、更精纯，比如眼睛更明亮了——

陈丹青：凡事都有两面，关于人的相貌，一句话是“人不可貌相”，还有一句话是——

曾宝仪：相由心生。

陈丹青：对！所以每次听人讲男女谈恋爱怎样怎样，我都不信，我得真看到他们的样子才相信，否则整个故事可能会推翻。

窦文涛：真看到了可能会吓着（笑）。

曾宝仪：搞不好祝英台真的很男人，梁山伯真的很“娘”，哈哈！

陈丹青：也有可能比我们想得还好。

脸是无辜的

窦文涛：还有审美观的问题，审美观会变，那个时候的好看，可能不是今天这种好看。

曾宝仪：而且我们外人的感觉，跟他的亲朋好友的感觉又是两回事。比如有人可能会觉得陈老师长得有点儿凶，但陈老师的爱人就不这么觉得，她可能觉得陈老师特别温柔，因为陈老师只把温柔的一面给爱人看，而凶的一面呈现在外面（笑）。有时候看电视，我们看到一个凶神恶煞的人会说，一看就知道他是个坏人。但我相信他的爱人一定不会这样想。人要等真正接触以后才发现可能他并不像你眼睛看到的那样。

窦文涛：我记得有一次李敖讲，现在不是英雄时代，看各国领导人就看得出来。当年甭管是谁，丘吉尔、斯大林甚至毛泽东，他们的形象都是英雄的。现在呢，小泉纯一郎、小布什甚至普京，怎么看怎么像小偷（齐笑）！

陈丹青：有这种说法。二战以后大英雄没有了，国家首脑里你要拿出一个来跟二战前或者 19 世纪那些首脑相比，没有比得过的。但我现在还有另外一个观点，脸是无辜的。

曾宝仪：长成这样不是我的错！

窦文涛：对！就像臀部一样，都很无辜，哈哈哈！

陈丹青：有时候一个人瞧着很凶，其实一点儿都不凶，甚至还可能很尿。这种例子非常多。

窦文涛：有些人表面看上去很粗豪，但接触久了才发现他其实很细致。我见过很多这样的人，表里刚好相反。

陈丹青：生活是一件很微妙的事，比如初见一个人时你会形成一种印象，与他相处成了朋友以后，这种印象可能会发生变化，但可能后来发生了些什么事，你还会回到最初的印象。就像人常说的“我当初看错你了”或者“我当初没看错你”，这是蛮有意思的两句话，说明一开始就是脸在起作用。

窦文涛：就是说，了解一个人以后容易改变第一印象，但也常常会发生一些事让你觉得他就是你第一印象中的样子。

糙话壮胆

窦文涛：阿宝，你觉得自己越长越好看吗？

曾宝仪：人的样子会变，我觉得女人三十岁之后老得非常快。

窦文涛：女人才真的要对自己的相貌负责任，整容就是负责任的表现（笑）！

陈丹青：但是有一种东西不会变，我常常会在一个七八十岁的老太太身上清清楚楚地看到她姑娘时候的样子。

曾宝仪： 我会看到我朋友老的时候的样子，比如听文涛讲话，我就看到文涛七十岁讲话的样子（笑）。

窦文涛： 大家都反映我越长越年轻了，其实我是少年老成。你没看过我过去的样子，体重 168 斤，穿着一件双排扣的西装，夹着老板的公文包，那样的大脸，后面是大波浪的发型（齐笑）。

曾宝仪： 那是土，不是老，好不好！

窦文涛： 我就没年轻过，那时候我就像四十岁的人，现在还像四十岁的人。我觉得丹青兄特别有意思，是个矛盾体，有时候温文尔雅的，但接受采访的时候又不时会讲粗话，有点儿——

陈丹青： 没教养（笑）。

窦文涛： 你的矛盾就在这儿，你本身是特别强调教养的人，是个自制能力极强的人，比如在半小时的节目里你能控制住一句脏话都不说，这真是了得啊，哈哈哈！像文道他就控制不住（笑）。

陈丹青： 可能跟经历有关，人一抽烟一说粗话，就觉得自己长大了。我小时候比较瘦弱，没有胡子，没有喉结，肌肉也不行，就想成为蛮糙的样了。

窦文涛： 糙话壮胆儿！

陈丹青： 对！

问：你的作品传神优雅，据说你上课或平时满口脏话，为什么有这种反差？像马友友“野性与高雅的和谐”吗？

陈：我画画，企图优雅，我常说粗话，也是实情，不过天地良心，我从未想到这是“野性与高雅的和谐”。小学时我就满口粗话，那是必要的交际和生存伎俩：弄堂里玩，先得“语言”过关，学会各种“粗口”与“切口”，这才好打交道。

还有个原因。发育那阵我很绝望：没胡须，没喉结，肌肉也勉强得很。怎么办呢？×他妈！那是孩子成长时被自己夸张的绝望与快感：一个小浑蛋，什么都不会，可是粗话上口多容易啊！你也放声试一句看看，单是唇齿之间就有快感。

再有，我此刻一本正经告诉你：我厌恶所有类型的一本正经，粗话，可能是解药之一。

——陈丹青《退步集续编》

糙女+淑女=性感？

窦文涛：现在北京、上海这些大城市，有一种女人叫“糙女”，都是些白领或小资，定期凑到一块儿骂粗口，“我靠”什么的。后来有人批评，她们回应“我们不过是凑到一起发泄发泄……”可能在社会上装淑女装太累了，要发泄一下！这些“糙女”说，入我们会是有标准的，你得够糙！豪放女，性情豪爽，骂天下可骂之人……我看有点儿像阿宝，哈哈！

曾宝仪：我就是个糙女啊！我跟朋友相处也常常讲一些粗话，其实这是一种发泄。有时候你不用一种固定的字眼，别人就不会感受到你的能量已经到八九十分了！可能我的脑神经和嘴巴距离比较短，想到什么很快就从嘴巴里说出来了！

窦文涛： 这叫缺心眼儿（笑）！

曾宝仪： 好吧，我承认我转换的机制是有一点点问题！偶尔讲点儿糙话怎么了，日常生活本来就应该是这样子嘛。

陈丹青： 是什么原因让这群女子在那里骂呢？

窦文涛： 说是为了情绪宣泄，小范围内几个女的在一起，想怎么说就怎么说。

陈丹青：（对曾宝仪）你真觉得你是一个糙女吗？

曾宝仪： 我是糙女和淑女的结合体。

陈丹青： 太性感了，哈哈哈。

窦文涛： 陈老师对女性的评价都是"性感"！

陈丹青： 真的性感！一个谦虚、漂亮的女孩忽然说糙话，是很性感的。

曾宝仪： 糙话要说在点儿上。有时候其实没必要说糙话，只是因为你心情不爽而已，那你藏在心里就好了；有时候说出来是为了痛快，比如骂一个人，我就觉得我没有那么好的文学修养可以拐弯抹角地骂他，我得说点儿脏话，然后才觉得——啊，舒坦啊（笑）！

> 近年来北京、上海等大城市出现了一些名为"糙女俱乐部"的沙龙，吸引了不少追求个性的女性的加入。在这里，平时文静内敛的女白领可以无所顾忌地大讲"粗口"，发泄不满。糙女们的宗旨是："想骂就骂，要骂得精彩，大家痛快才是真的痛快……"而在解释这种行为的时候，"糙女"说，"此糙女非彼糙女，说粗口不是糙

女唯一的特征。说粗口只是一种表现形式，而非内涵。鲁迅先生‘骂人’并未见得用了脏字粗口，却‘骂’得痛快淋漓 ！骂不平之事，是讲究策略与才情的，所谓话糙理不糙，糙得有内涵，糙而不恶心为糙女的原则”。

窦文涛：我跟你说啊，我从小听这个糙话听得不少。我是石家庄人，小时候说一口石家庄话——

陈丹青：所有方言都很性感。

窦文涛：因为里面器官多，是吗（齐笑）？

陈丹青：不是，方言本身就很性感。

窦文涛：我小时候说一口石家庄话，能到什么程度？每句话都有一个语气助词，就是公鸡的鸡、巴基斯坦的巴，哈哈哈，已经成了口头语了！好比说“今天我 ×× 请丹青兄来做 ×× 节目，他 ×× 怎么还不来”，句句都有（齐笑）！

曾宝仪：好精彩！

陈丹青：英文也有，我听过美国媳妇跟婆婆吵架，跟丈夫吵架，连接词全是“Fuck”！我觉得年轻漂亮的女孩说这话，太好听了！

窦文涛：这正是糙女俱乐部的口号，“想骂就骂，只要骂得精彩”！

陈丹青：我想这跟要开博客一样，说明言论空间正在慢慢松动，大家都在找一个言论空间，找到自己可以痛快说话的那部分可能性。

窦文涛：我想起电影《阿甘正传》里的“Shit Happens”，这也算脏话吗？

曾宝仪：可能是因为有Shit这个词，别人觉得是脏话，其实“Shit Happens”很中性的。

窦文涛：后来还被印在T恤衫上，成了广告。美国联邦法院有一个裁决，指出不能把脏话作为理由来禁止人们表达，因为脏话是没有标准的，有些人认为是下流的脏话，在另一些人看来可能不过是个性化的表达，社会无法用可以把握的标准，来给千变万化的语言划分明确的脏或不脏。

曾宝仪：是啊，除非列一个法律条文说Shit或Fuck是脏话。

窦文涛：但是阿宝，你经常这样说会不会不招男人喜欢呢？

曾宝仪：如果他不能欣赏我这部分，那我也不太想招他喜欢，他的喜欢对我来说反而是负担。

窦文涛：我看你就适合找我们石家庄人嘛（齐笑）！

曾宝仪：我希望我的伴侣能够让我真诚地做我自己，如果他会因为这个不高兴，那他真保守，那就拜拜！

窦文涛：真是豪放女啊，哈哈哈！

曾宝仪：但女孩子说脏话也要看场合，懂进退，这才是最好的女孩子。

陈丹青：多有教养的一个女孩子啊，呵呵。

曾宝仪：性感吧，哈哈哈！

“Shit Happens”是句非常具有禅意的名言。电影《阿甘正传》中，阿甘在跑步时踩到shit，旁边一位失意的商人问他对此事的看法，阿甘表情轻松地说“Shit Happens”，意思是“人生偶尔会有不顺遂的事发生，没什么值得大惊小怪的”。这个商人于是将“Shit Happens”做成标语，结果大卖。电影下一幕镜头出现一辆后面贴有“Shit Happens”标语的汽车，飞来横祸地被后面的另一辆车子撞了……果真是“Shit Happens”。

淑女靠家庭养成

窦文涛：老实说现在我周围很多男人都感叹女人没有女人味了，女人味是什么呢，你看现在一些十八九岁的小姑娘，表面上看起来长得跟阿宝一样，温良贤淑的，很漂亮，可为什么她们很多人会喜欢李宇春这种形象的偶像呢？她们所认为的女性的美感不是三十多岁男人要的那种调调儿，很多女孩子喜欢让自己有点儿像男孩，看起来很漂亮，一接触才发现她们的言行举止有点儿像愣头青的小伙子！我们传统所谓的那种女人味是不是落伍了？咱讲糙女俱乐部，苏州有一个淑女学堂[①]，女孩子可以到那里去学古琴，弹古筝，远离尘俗——

陈丹青：我们这个时代不会有淑女了。

窦文涛：教不出来吗？

陈丹青：教不出来，那是家庭教育，而那样的家庭已经没有了。这样的人我小时候还能看到，那些精于打扮的太太或姨娘，她们身上有的不能说是教养，而是她们一代代就这么生活过来的。这种类型的人后来没有了，整个退出历史舞台了。

---

① 2006年苏州复兴私塾开办了一个淑女班，目的是培养古典淑女型女子，学习的科目包括礼仪、插花、茶道、女工等。显然，这个淑女班不是“复古”的跟班，而是有点儿西化的创新。

什么都需要学习，学习不是上学，不是上课，而是看你遇见什么人。今日女孩的可怜，是她很难遇见优秀的大姐与长辈。人是善模仿的动物，今天的女孩只能模仿明星、超女之类，明星、超女模仿谁？据说最近“超女比赛”又开战，参赛的女孩，弄来弄去头发蓬开来，狂学李宇春。

……

最好的教育是家庭教育，到了要去“女性礼仪培训班”，已经是下下策。有教养的女子，有资望的名媛，没一位毕业于培训班。毕加索女儿是名媛，第一，她爹是毕加索，第二，还因为毕加索是她爹，她从小出入的圈子、见到的人，都是雅人、奇人、人精，你只能干瞪眼：那种高尚风流的圈子，你要进还进不了呢。学习？你去学学看。

——陈丹青《退步集续编·历练与青春》

窦文涛：你觉得找不回来了？

陈丹青：很难，可以试试看。淑女，不是说你弹古琴、下棋、作诗，你就是淑女。

窦文涛：那怎样做派、风度、气质的女性你喜欢？

陈丹青：永远有各种类型的美在那儿，我都很喜欢。小时候的女红卫兵，穿上男装都很好看。

曾宝仪：不是一个固定的刻板印象。

陈丹青：对。现在的年轻人相比那会儿，可以打扮了，可以化妆了，这是另外一种好看。但你要跟我说淑女，我真不知道谁是淑女。所谓“大家闺秀、小家碧玉”，闺秀、碧玉是一种类型，跟家庭有关系。现在是“小家”也没有了，“大家”更没有了。

> 在视觉上，今日路人的“家庭出身”悬殊有限，“阶级属性”早给抹平，就说“女子”吧，若辨贫富，一目了然，要想区别品相气质间的所谓“大家闺秀”、“小家碧玉”，都谈不上，也分不清了，唯余性别是万古不易，文化、制度、时代再怎样变花样，种性的青苗不会断，说来说去，还是“人家有女初长成”那句话，到得“亭亭玉立”的年纪，乐意“罗致”，或有心“固守”的姑娘们，总算在社会上有了各自的去处。
>
> ——陈丹青《多余的素材 · 闲散美人》

窦文涛： 所以如果有些人还抱着寻求淑女的调调儿去找对象，是不切实际的要求，这些东西已经过去了。

陈丹青： 成形容词了。

曾宝仪： 好感慨啊，看不到了。

陈丹青： 台湾还有。曾经有一个女经纪人是台湾人，她到纽约来，我妈看了以后说，这人不是大陆来的吧？我说，她是台湾的。我妈说，怪不得。我不能说那就叫淑女，她的应对、举止也未必那么有文化，也不能说就那么有教养，但她一出来，你就觉得她是淑女。

> 中国有富婆，有女官，都蛮优秀吧，但中国目前，以及很久的未来，不会出现上流女子。
>
> ——陈丹青《退步集续编 · 历练与青春》

民国四大美女：才貌双全的林徽因（左上）、交际名媛陆小曼（右上）、“金嗓子”周璇（左下）、“电影皇后”阮玲玉（右下）。

我们没有上流社会

曾宝仪：我非常赞同陈老师的观点，家庭教育真的很重要，学校里学的东西是短暂的。

陈丹青：教育不是上课，也不是专科，所谓的家庭教育不是刻意去教，而是你在这个家就可以了。

曾宝仪：耳濡目染，身教言传。比如你去淑女学堂，交了个女朋友，琴棋书画样样皆通，还会炒一手好菜，出得厅堂，入得厨房，但上床她喜欢抠脚丫，你会想，她怎么这样？但她自己觉得抠脚丫没事，“我妈也抠，我觉得没啥”。

窦文涛：现在时代变了，女的抠脚丫也是她的自由（笑）！但她男朋友看了，肯定不符合他对淑女的想象。你说人是应该让她自由自在呢，还是真的应该有一些女性美在那里？

曾宝仪：我觉得你要认清自己是一个什么样的人，你为什么做这件事。像我，我是一个需要自由的人，我也希望别人尊重我的自由，所以我交的朋友都能容忍我的一些小细节。对有些人来说，进入上流社会非常重要，他们可能一天二十四小时都得端着——

陈丹青：关键是现在没有上流社会了。有钱、有身份、有地位，那不叫上流社会。我在国内，说实话从来没有见过什么淑女或者绅士。到了美国、欧洲，才看到绅士、贵族。

我一再说阶级消灭了，家庭单位破坏了，后果是我们失去了“上流社会”。这是叫人反感的说法，但现在京沪时尚圈不是拼命办高级派对、女孩们不也拼命凑热闹么？总归弄得不像，也不对。你长得漂亮，身材一流，上下名牌，位高钱多，都没用的。你穿晚礼服，陪你进场的男士穿什么？气质怎样？与你攀谈、邀你起舞的男士又穿什么？气质怎样？不然只剩个你火鸡似的走来走去，人人看你，看得你心烦。

穿晚礼服不仅是设计、是价钱、是款式、是胆量、是创意，更是高难度的文化题。颈、肩、胸、腿，到底露多少？怎样露法？发型到底多高？多乱？多整齐？……即便全对了，整夜工夫，你的肢体动作还得对，面目表情还得对，派对上打量你的目光也得对，迎向你的话语、分寸都得对，不但对，而且要对得自然，给人不觉得对不对……你去试试看吧。把你憋死、气死、窘死。

——陈丹青《退步集续编·历练与青春》

窦文涛：怎么看，举个细节？

陈丹青：无法形容。在米兰听歌剧的时候，休息过程中一群老绅士、老太太坐在那儿说话、抽烟，俊男美女跟他们一比就没有魅力了，瞧着就是不一样！

曾宝仪：他们说脏话吗？

陈丹青：说！非常率性。再举个例子，高尔基是流浪汉，完全从底层上来的，他去见托尔斯泰的时候非常惊讶，托尔斯泰是老贵族，可托尔斯泰满口粗话，农民里面最土最粗的话会忽然从他嘴里冒出来，而且托尔斯泰从来不谈文学。怎么回事？大问号！

窦文涛：看来问题不在于说粗话还是不说粗话，而在于一个人修养、气质各方面有没有达到。

陈丹青：这是性情！我亲眼见过一位国外很有地位的策划人，博物馆的女主管，好人家出来的，博士出身，发脾气的时候讲粗话，非常刻毒的粗话。

窦文涛：你这是在为说脏话辩护吧，哈哈。

陈丹青：说脏话当然不好，尽量不要讲，但是不能拿这个去衡量一个人有没有教养。生活没这么简单，凭一个人说不说粗话、吐不吐痰来判断这是个什么人，太简单、太片面了……

> 作为形容词，曾有所谓“精神贵族”一说。可是今日中国社会假如说哪位人物是“精神贵族”，意思是这家伙很穷，玩儿“精神”，而也竟有半吊子文人坦然自称“精神贵族”，真叫人难为情。
>
> 中国人从前称某公有“贵相”、某人有“贵气”，彼此交言，动辄“贵姓”、“贵干”、“贵处”、“贵人”、“贵刊”、“贵校”之类，并以“鄙人”、“在下”、“区区”、“不才”等谦抑自贬之词相对应，倒是蛮风雅、蛮可贵。
>
> 如今大家随口说“贵族”啊、“奢侈”啊，意思都是钱。
>
> ——陈丹青《退步集·消费不是奢侈》

图书在版编目（CIP）数据

锵锵三人行·跟陈丹青聊天 / 凤凰书品编著. —长沙：湖南文艺出版社，2012.2
ISBN 978-7-5404-5328-2

Ⅰ.①锵… Ⅱ.①凤… Ⅲ.①文化—评论—中国 Ⅳ.①G12

中国版本图书馆CIP数据核字（2011）第275399号

上架建议：大众文化

锵锵三人行·跟陈丹青聊天

编　　著：凤凰书品
出 版 人：刘清华
责任编辑：丁丽丹　刘诗哲
监　　制：蔡明菲　潘　良
特约编辑：杨丽娜
封面设计：蒋宏工作室
版式设计：姜利锐
出版发行：湖南文艺出版社
（长沙市雨花区东二环一段508号 邮编：410014）
网　　址：www.hnwy.net
印　　刷：北京鹏润伟业印刷有限公司
经　　销：新华书店
开　　本：880mm×1270mm　1/32
字　　数：210千字
印　　张：8.5
版　　次：2012年2月第1版
印　　次：2012年2月第1次印刷
书　　号：ISBN 978-7-5404-5328-2
定　　价：28.00元

（若有质量问题，请致电质量监督电话：010-84409925）